Von Mary Scott
liegen als Goldmann-Taschenbücher außerdem vor:

Das waren schöne Zeiten. Mary Scott erzählt aus ihrem Leben (2782)
Es ist ja so einfach. Heiterer Roman (1904)
Es tut sich was im Paradies. Heiterer Roman (730)
Flitterwochen. Heiterer Roman (3482)
Fremde Gäste. Heiterer Roman (3866)
Fröhliche Ferien am Meer. Heiterer Roman (3361)
Frühstück um Sechs. Heiterer Roman (1310)
Hilfe, ich bin berühmt! Heiterer Roman (3455)
Das Jahr auf dem Lande. Heiterer Roman (3882)
Ja, Liebling. Heiterer Roman (2740)
Kopf hoch, Freddie! Heiterer Roman (3390)
Macht nichts, Darling. Heiterer Roman (2589)
Mittagessen Nebensache. Heiterer Roman (1636)
Na endlich, Liebling. Heiterer Roman (3913)
Oh, diese Verwandtschaft! Heiterer Roman (3663)
Onkel ist der Beste. Heiterer Roman (3373)
Das Teehaus im Grünen. Heiterer Roman (3758)
Tee und Toast. Heiterer Roman (1718)
Truthahn um Zwölf. Heiterer Roman (2452)
Übernachtung – Frühstück ausgeschlossen. Heiterer Roman (6316)
Und abends etwas Liebe. Heiterer Roman (2377)
Verlieb dich nie in einen Tierarzt. Heiterer Roman (3516)
Wann heiraten wir, Freddie? Heiterer Roman (2421)
Zärtliche Wildnis. Heiterer Roman (3677)
Zum Weißen Elefanten. Heiterer Roman (2381)

Von Mary Scott und Joyce West
sind als Goldmann-Taschenbücher erschienen:

Das Geheimnis der Mangroven-Bucht. Roman (3354)
Lauter reizende Menschen. Roman (1465)
Das Rätsel der Hibiskus-Brosche. Roman (3492)
Tod auf der Koppel. Roman (3419)
Der Tote im Kofferraum. Roman (3369)

Mary Scott

Geliebtes Landleben

Heiterer Roman

Wilhelm Goldmann Verlag

Ungekürzte Ausgabe

Aus dem Englischen von Helga Krauss
Titel der Originalausgabe: Shepherd's Pie

Made in Germany · 6. Auflage · 12/85

Umschlagentwurf: Atelier Adolf & Angelika Bachmann, München,
unter Verwendung einer farbigen Zeichnung von Ulrik Schramm, Feldafing
Druck: Elsnerdruck, Berlin
Verlagsnummer: 3705
MV · Herstellung: Harry Heiß/Voi
ISBN 3-442-03705-0

I

»Ganz bestimmt nicht Kate«, protestierte ich. »Vielleicht Kathleen oder Kitty, wenn sie klein ist, aber Kate klingt so schrecklich streng.«

»Genau das ist sie auch«, antwortete Larry. »Sie wurde Kate getauft«, sagte sie, »und sie bleibt Kate. Was Kitty betrifft, warte, bis du sie kennenlernst.«

»Wie ist sie?« Langsam machte mich diese Fremde nervös.

»Sie muß wohl über sechzig sein, denn sie ist nicht viel jünger als Sams Mutter, sieht aber um Jahre älter aus. Kein Wunder, wo sie ihr Leben lang für schwierige alte Eltern gesorgt hat, während sich Mrs. Lee nie um etwas kümmerte und nur ihrem Vergnügen nachlief.«

»Die Eltern müssen sehr alt gewesen sein. Ihr Vater war also Sams Großvater, oder?«

»Ja, und unsere Männer sind heute schon keine Jünglinge mehr. Der alte Großvater starb vor Jahren, aber seine Frau wurde neunzig und starb erst vor einigen Monaten.«

»Hast du sie je erlebt?«

»Nur einmal, und das ist ein Glück für uns beide. Sie war eine alte Furie, ein richtiges Relikt aus der Viktorianischen Zeit. Aber ich habe Kate mehrmals gesehen. Tante Kate, so ließ sie sich von mir nennen. Bei ihr gab es diese gräßlichen modernen Vertraulichkeiten nicht. Sie tat mir immer schrecklich leid, aber jetzt ist sie endlich frei, und ich habe sie aufgefordert, zu uns zu kommen und so lange zu bleiben, wie sie uns ertragen kann.«

»Da wünsche ich dir viel Vergnügen. Sie dürfte wohl kaum dein Typ sein.« Und meiner auch nicht, dachte ich im stillen.

»Ist sie wohl. Ich mag sie sehr gern, und du wirst sie auch mögen. Sie ist trocken, sarkastisch und lieb, ganz anders als andere Menschen. Sie bezeichnet sich selbst als alte Jungfer und sieht auch so aus, aber trotzdem ist sie ein Schatz. Gott sei Dank ist sie nicht schlecht gestellt. Ihre Eltern waren so anständig, ihr das Geld zu vermachen, und Sams Mutter war nicht gerade begeistert davon! Kate wird sich in irgendeiner Stadt ein Haus kaufen, wenn sie beschlossen hat, wo sie leben möchte. Ich hoffe eigentlich, daß sie sich unsere Gegend aussuchen wird, deshalb habe ich sie aufgefordert, hierher zu kommen, eine Weile zu bleiben und ihre Verwandten kennenzulernen.«

»Ich hoffe, sie wird sie mögen. Sie wird schon ziemlich großzügig sein müssen, und das scheint mir nach dem Leben, das sie gehabt hat, ziemlich unwahrscheinlich.«

»Sie hat überhaupt kein Leben gehabt. Ich glaube, es hat in ihrem Leben nie junge Männer gegeben. Ihre raffinierte Schwester hat sie ihr immer weggeschnappt, und Kate war nie eine Schönheit. Sie fühlt sich jetzt etwas verloren und weiß nicht, was sie mit ihrer Freiheit tun soll, deshalb wollte ich, daß sie herkommt.«

Das klang riskant, und ich war von unbekannten Verwandten ziemlich bedient. Letztes Jahr hatten wir alle schrecklich unter Ursula Maitland, der Kusine des englischen Oberst, gelitten, und diese Kate schien mir noch schlimmer zu sein. Als ich das sagte, lachte Larry.

»Mach dir keine Sorgen. Sie ist ganz anders als Ursula. Sie wird für uns alle ein neues Erlebnis sein. Sie hat überhaupt keine Illusionen und sagt ihre Meinung frei heraus, aber nur, wenn es notwendig ist. Bei ihren Eltern war sie immer still und sanft, aber innerlich hat sie, glaube ich, oft getobt – und jetzt kann sie alles nachholen. Man kann wirklich seinen Spaß mit ihr haben.« So klang es mir gar nicht. Ich fragte: »Wie steht es mit Sam? Was wird er davon halten?«

»Oh, er liebt sie. Als er noch ein kleiner Junge war, war sie reizend zu ihm. Sie hat Kinder wirklich gern, und dabei sieht sie so grimmig aus.«

Das schien mir eine komische Kombination von Eigenschaften zu sein. Ich fragte mich, ob Kate Fletcher es nicht auch als Qual empfinden würde, denn wir waren eine ziemlich abgeschlossene kleine Gesellschaft. Selbst jetzt, da der Bezirk verändert und erweitert worden war, wir gute Straßen hatten, unser Dorf einen Laden und einen Supermarkt sein eigen nannte, der von unserer lieben Miss Adams geführt wurde, die wir Tantchen nannten, selbst heute waren wir noch immer fanatische Hinterländler.

Das alles reichte bis kurz nach dem letzten Krieg zurück, als die drei Freunde Paul, Sam und Tim, die gemeinsam den Krieg durchgemacht hatten, benachbarte Farmen kauften. Vor elf Jahren hatte ich Paul geheiratet, und wir befreundeten uns sofort eng mit Larry, Sams Frau. Später heiratete Tim Anne, das einzige Kind von Oberst Gerard, damals der erste Mann des Bezirks. Zu dieser Zeit kämpfte der Oberst verbittert gegen diese Heirat, aber nun hat er Tim und uns andere längst akzeptiert. Sein Neffe Julian Arden heiratete unsere Freundin Alison Anstruther und kaufte eine Farm in der Nähe, so wurden wir eine geschlossene Familie. Miss Adams, die der Oberst wehmütig als »eine unseres Schlages« bezeichnete, gehörte schon lange zu unserem engsten Kreis, und jetzt gingen wir gelassen auf das Mittelalter zu und genossen es, in den Dreißigern zu sein.

Tony, Pauls Nichte, hielt uns jung. Vor zwei Jahren, als sie erst siebzehn war, lief sie ihrer Mutter, Pauls Schwester davon. Claudia war kühl und intellektuell, sie lebte in Melbourne; sie hatte sich von Alister Smale, Tonys Vater, scheiden lassen und einen Professor geheiratet. Dankbar hatte sie Paul zu Tonys Vormund gemacht, und seitdem lebte das Mädchen bei uns. Ich vegötterte sie einfach, und das Leben war nie langweilig, wenn Tony in der Nähe war. Von einem traurigen kleinen Mädchen war sie zu Schönheit und Fröhlichkeit erblüht. Um sich zu beschäftigen, half sie Tantchen im Supermarkt und verbrachte die Wochenenden bei uns. Zweimal im Jahr machte ihr Vater die Runde bei seinen Zweigfirmen in Neuseeland und nahm Tony mit. Dann schwelgte Tony vierzehn Tage lang in den Fleischtöpfen und kehrte hinterher sehr glücklich zu uns zurück.

Larry sagte, Tony sei mein schwacher Punkt, und ich fürchtete, sie hatte recht. Ich hatte zwei Kinder, Christopher, zehn Jahre alt, und seine jüngere Schwester Patience; ich muß gestehen, daß ich mich nicht allzu sehr um sie kümmerte. Sie machten mir viel zu schaffen, aber ich spürte, daß sie immer am Schluß kamen. Ich liebte Tony, machte mir Sorgen wegen ihrer vielen Bewunderer, fürchtete, sie würde den falschen Mann heiraten und hoffte insgeheim, daß sie sich zufällig in Peter Anstruther, Alisons Bruder, verliebte, der eine Farm in unserer Nähe betrieb. Das wäre vollkommen gewesen. Peter war ein guter Farmer, ausgeglichen, humorvoll und freundlich, und wir hatten ihn alle gern. Er war zwar jetzt fast dreißig, aber das wäre bei Tonys Lebhaftigkeit nur ein Vorteil gewesen. Ich war jedoch wenigstens so vernünftig, meine stillen Hoffnungen für mich zu behalten und Tony nicht zu beeinflussen.

In diesen engen Kreis führte Larry jetzt eine Jungfer mit Namen Kate ein, die offensichtlich zu Recht so hieß. Kein Wunder, daß ich nervös war.

»Wie wird sie sich den Kindern gegenüber verhalten?« fragte ich, aber Larry sagte, daß gerade Kinder Kate zu verstehen und zu schätzen schienen. Die kleinen Nachbarn hatten sie alle geliebt und waren die einzige Ablenkung in ihrem abgeschiedenen Leben gewesen.

In den drei Familien gab es sieben Kinder; sie waren fast alle sozusagen Pärchen, abgesehen von Annes Baby, das im letzten Dezember geboren und nach seinem Großvater, dem Oberst, getauft war. Anne hatte schon ein Zwillingspärchen, das jetzt fast sechs Jahre alt war; Larrys Christina hatte sich schon immer mit meinem Christopher verbündet, der sechs Monate älter war als sie, und unsere anderen Kinder, meine Patience und Larrys Mark bildeten in gleicher Weise ein Pärchen. Alle sechs besuchten jetzt die kleine Schule im Ort und bildeten eine wahre Horde.

Wir hatten mit unserer kleinen Schule und ihrem Ein-Mann-Betrieb selten Glück. Der jetzige Lehrer, James Marshall, verstand es wenigstens, Ordnung zu halten und besaß die erforderlichen Befähigungen. Aber er war nur aus einem Grund gekommen; seine kränkliche Frau, die er anbetete, brauchte ein Höhenklima und ein ruhiges Leben. Sonst interessierte er sich überhaupt nicht für den Bezirk oder die Kinder, und wir machten uns über diesen Zustand große Sorgen.

Irgendwie mußten unsere Kinder erzogen werden, und so sahen wir dem größten Unglück des Lebens im Hinterland ins Auge, nämlich sie in Vorschulen zu schicken. Annes Zwillinge konnten noch ein oder zwei Jahre weitermachen, obwohl der Oberst schon etwas von den besten Internaten murmelte, auch unser jüngeres Pärchen konnte noch bleiben. Christopher und Christina mußten uns jedoch bald verlassen, wenn sie nicht in heidnischer Unwissenheit aufwachsen sollten. Larry und ich scheuten die Vorstellung, uns von ihnen zu trennen, wo sie noch so jung waren, und wir wußten, daß unsere Männer sich Sorgen wegen des Schulgeldes machten.

Denn nach vielen besseren Jahren waren wir jetzt wieder ziemlich arm. Die Wolle war auf einen unglaublichen Preis gesunken, und unsere Farmen waren nicht gerade sehr reich an Lämmern. Wir erzielten einige Gewinne mit unserem Mastvieh, aber die Erträge wurden durch die ständig steigenden Kosten verschluckt. Löhne, Düngemittel und Transport, alles war gestiegen, während die Erzeugnisse der Farm fielen. Es würde schwierig werden, mit dem hohen Schulgeld fertig zu werden, aber wir beschlossen, daß wir es nächstes Jahr tun mußten. So hatten wir uns vor einiger Zeit um die Einzelheiten gekümmert und uns nach freien Plätzen erkundigt.

Jetzt machten Larry und ich eine Reise in die Stadt, um die Schulleiter auszufragen und die Kinder anzumelden. Unklugerweise nahmen wir die kleinen Opfer mit, weil wir dachten, sie wären begeistert von den Freuden einer Großstadt und aufgeregt beim Anblick von Anstalten, die sie später besuchen sollten. Das war ein Fehler. Die Erkundigungen waren für die Kinder eine schreckliche Tortur. Sie waren wie gelähmt durch den Lärm, die Größe der Gebäude und die allgemeine Atmosphäre einer solchen Institution. Larry erzählte mir später, daß sie sich wegen Christina schrecklich geschämt habe, die ein sehr schönes und reizendes Kind war, wenn auch nicht mit auffallender Intelligenz begabt. Alles, was sie besaß, schien sie plötzlich im Zimmer der Schulleiterin zu verlassen. »Es war schrecklich. Sie versteckte sich hinter einem Stuhl und blinzelte dahinter hervor wie ein kleines wildes Tier. Und das sind unsere Kinder vermutlich auch«, schloß sie traurig. »Kleine Landratten, glücklich in den Bergen und bei ihren Ponys, aber gänzlich hilflos in einer Stadt und voller Angst angesichts einer Institution. Verdammt, ich wünschte . . .«, wir sahen uns beide mit traurigen Blicken an.

Ich hatte auch keine glücklicheren Erfahrungen gemacht. Die Vorschule für die Jungens war viel größer als die bescheidene Anstalt für kleine Mädchen. Überall gab es Kinder in Massen, und als die Schule aus war, war die Luft von Lärm und die Spielplätze mit kräftigen kleinen Jungens angefüllt. Zaghaft sagte ich zu Christopher, der normalerweise ein zugängliches Kind ist: »Wird es dir nicht Spaß machen, mit vielen anderen Jungens zusammen zu sein und alle möglichen Spiele zu spielen?«

Er antwortete einfach: »Es wird die Hölle sein.«

Diese Reaktion erschreckte mich, aber als wir im Büro der Schulleiterin waren, verfiel er in Schweigen und benahm sich wie ein apathischer Schwachsinniger. Aber ich konnte seine

Worte nicht vergessen, und als ich ihn an diesem Abend in einer Ecke des Motel-Schlafzimmers sah, seinen Kopf ganz nahe an Christinas und beide Gesichter schrecklich ernst, wußte ich, daß sie sich erzählten, wie sehr sie es hassen würden, zur Schule zu gehen.

Weder Larry noch ich waren begeistert. Natürlich hatte ich immer gehört, daß ein Internat der beste Platz für ein Kind sei, insbesondere für einen Jungen, der auf dem Land aufgewachsen ist. Er mußte lernen, Freunde zu gewinnen und sich anzupassen. Aber diese ganzen Asphaltfelder, der eigenartige Geruch der Klassenzimmer nach Kreide, Lederschuhen, einfach nach kleinen Jungens, und die ordentlichen Schlafsäle mit ihrer schrecklichen Unpersönlichkeit, all das bedrückte mich. Christinas Schule war netter und gemütlicher gewesen, weniger durchorganisiert, aber Larry fühlte sich auch nicht gerade glücklich.

»Ich hasse solche Anstalten«, sagte sie heftig. »Alle diese Regeln, diese kleinen Quadrate mit ordentlichen Betten und Kinder, die zu Damen erzogen werden sollen – obwohl sie der Teufel holen soll, wenn sie das mit Christina versuchen ... Ich wünsche so sehr, wir hätten einen anständigen Lehrer, und das Hinterland wäre mit der Schule nicht so schlecht dran.«

»Ich glaube, das ist der Preis, den wir zahlen müssen. Niemand, der ehrgeizig oder herausragend ist, kommt an einen Ort wie diesen. Wir bekommen fast immer die Gescheiterten oder Leute, die es eben aus anderen Gründen auf sich nehmen, wie Mr. Marshall. Vielleicht geht er bald weg.«

»Da ist wenig Hoffnung. Seiner Frau geht es besser als in all den Jahren zuvor, und ein liebender Ehemann wird alles für sie opfern, vor allem unsere Kinder.«

Niedergeschlagen gingen wir nach Hause. Zu Paul sagte ich: »Ob es gar keinen anderen Weg gibt? Christopher ist zu jung für ein Internat, und ich weiß, daß er es hassen wird.« Er war beunruhigt, aber leider wie üblich entschlossen, die Dinge von der besten Seite zu sehen. »Er wird schon zurechtkommen. Eine

Woche wird er Heimweh haben, sich dann einleben und Gefallen daran finden.« Das war Unsinn, wir wußten es beide.

Ziemlich hoffnungsvoll fragte ich: »Aber können wir das Schulgeld bezahlen? Es ist schrecklich teuer, und die Kinder wachsen ständig aus den Kleidern.«

»Wir müssen damit fertig werden. Ich fürchte, es bedeutet, daß wir dieses Auto noch ein Jahr fahren müssen. Ist das sehr schlimm?« Auf eine solche Bemerkung kann eine Ehefrau nur eine Antwort geben, und die gab ich. Es half nichts, darauf hinzuweisen, daß wir den Wagen schon gebraucht gekauft hatten, und zwar vor einigen Jahren. Er wurde allmählich ziemlich eigenwillig.

Am nächsten Morgen kam Sam und trug zu der allgemeinen schlechten Stimmung noch bei.

»Larry ist ganz aufgebracht wegen dieser Schulgeschichte. Sie glaubt, Christina wird unglücklich sein. Ist natürlich absoluter Unsinn. Ich sagte ihr ...«

»Daß sie eine Woche Heimweh hat und es dann herrlich findet«, fuhr ich gehässig fort, und die beiden Männer tauschten verdutzte Blicke. Hastig wechselte Sam das Thema. »Ich nehme an, sie werden sich freuen, wenn Tante Kate kommt. Sie versteht es mit den Kindern. Das hat sie immer gut gekonnt.«

Ich fühlte mich unglücklich und war entschlossen, bei allem das Schlechte zu sehen. »Ich meine eher, sie wird nach ihrem ruhigen Leben in der Stadt einen Schock bekommen.«

»Ein schreckliches Leben. Meine Großmutter war ein viktorianisches Überbleibsel, und Kate war ihr jahrelang ausgesetzt. Keinerlei Freiheit oder Vergnügen.«

»Na ja, das wird sie hier bekommen, wenn sie es vertragen kann«, kommentierte ich verdrießlich.

»Oh, sie wird es vertragen. Kate ist ein phantastisches altes Mädchen. Du wirst sie mögen.«

»Larry scheint sie zu mögen.« Bei mir war ich ziemlich vom Gegenteil überzeugt.

»Ja. Sie haben eine richtige Zuneigung zueinander gefaßt, obwohl sie nur selten zusammen waren. Komisch, denn es gibt wohl selten zwei so verschiedene Menschen.«

Ich fragte vorsichtig: »Ist sie deiner Mutter irgendwie ähnlich?« (Keiner von uns mochte Mrs. Lee.)

»Kein bißchen. Das absolute Gegenteil, äußerlich, der Charakter, der Sinn für Humor, alles. Du würdest nie glauben, daß sie Schwestern sind.«

Na ja, das war wenigstens etwas.

Miss Fletcher kam in der folgenden Woche an, und obwohl ich darauf vorbereitet war, war ich entsetzt, als ich sie sah. Sam hatte recht; unglaublich, daß sie und die elegante Mrs. Lee dieselben Eltern hatten. Kate Fletcher war häßlich, ihre Kleider schrecklich. Selbst in ihrer Jugend hätte man mit ihrem Gesicht wohl wenig machen können, und damals hat man das auch noch gar nicht versucht. Sie war groß und eckig, und in dieser Zeit der langen oder sehr gepflegten Haare war das ihre kurz geschoren wie bei einem Mann. Es war grau, dick und drahtig, und wenn sie nachdachte, fuhr sie mit ihren Fingern durch, so daß es aufstand wie ein Hahnenkamm. Sie hatte einen großen freundlichen Mund, und ich glaube nicht, daß sie je etwas von einem Lippenstift gehört hatte. Sie besaß noch ihre eigenen Zähne, die groß waren und leicht vorstanden. Ihre Augen waren am gewinnendsten; sie waren so dunkelgrau, daß sie manchmal schwarz aussahen. Es war unmöglich, etwas zu tun, damit sie gut aussah. Miss Fletcher hatte sich schon früh damit abgefunden, eine unscheinbare Frau zu sein.

Ich hatte mich gefragt, wie sie Larrys Tiersammlung ertragen würde, doch als ich sie im Garten sitzen sah, umringten sie alle, und sie schien sich dabei wohl zu fühlen. Der alte Neufundländer Mouse hockte zu ihren Füßen und sah sie mit unverhohlener und erstaunlicher Bewunderung an. Das kleinste Spanielbaby kaute vergnügt an der Lasche ihres großen viereckigen Schuhs, und Miss Fletcher lächelte, als sie die Hausziege Marilyn beobachtete, wie sie den Gartenzaun erkletterte. Sie mochte offensichtlich Tiere genauso gern wie Kinder, und das war gut so, denn von beidem würde sie umgeben sein.

Ihr Lächeln wurde grimmig, als sie mich grüßte, und ich dachte: ›Sie jagt mir eigentlich Furcht ein; scheint völlig durch einen hindurchzusehen‹; aber es folgte schnell Erleichterung, als ihr Blick versöhnlicher wurde.

Ich begann nervös: »Ist es nicht komisch für dich, zwischen all diesen Tieren zu sitzen? In der Stadt hast du sicher kaum welche gehabt, oder?«

»Gar keine, doch ich wünschte mir immer Haustiere. Einmal hatte ich ein Kätzchen und taufte es Charles. Aber es stellte sich heraus, daß es eine Charlotte war, und meine Mutter zwang mich, es wegzugeben.«

Ich fragte mich, in welchem Alter sie dieser Schlag wohl getroffen hatte. Wahrscheinlich, als sie schon eine Frau in mittleren Jahren war und trotzdem dem Befehl ihrer Mutter demütig folgte. Nein, nicht demütig, merkte ich, als ich sie wieder ansah; mit absolutem inneren Widerstand und sehr unglücklich, aber völlig hilflos. Was für eine schreckliche alte Frau mußte die Mutter gewesen sein!

Sie streichelte den Neufundländer. »So schmeichelhaft. Niemand hat mich je zuvor so angesehen. Ich kann nicht sagen, daß ich seinen Geschmack bewundere, aber es hebt die Moral.«

Mit dieser Bemerkung war nicht so leicht fertig zu werden. Kate Fletcher merkte das und lächelte herb. »Jetzt versuche nicht, höflich zu sein. Das kann ich nicht ausstehen, und, wie ich gehört habe, werden wir zwei wahrscheinlich viel zusammen sein. Mit diesem Unsinn wollen wir erst gar nicht anfangen. Ich bin nicht nur nicht schön, sondern ich rede auch nicht schön. Das ist wohl die Art einer alten Jungfer, aber ich hatte vorher nie Gelegenheit, dem nachzugeben. Meine Eltern hätten das nicht mitgemacht. Aber jetzt hole ich das nach; schließlich ist es mein einziger Luxus.«

Ich lachte. »Na ja, bei mir brauchst du kein Blatt vor den Mund zu nehmen. Larry und ich haben zehn Minuten nach unserer ersten Begegnung aufgehört, höflich zu sein, und das war vor elf Jahren.«

»Herrlich, wenn sich zwei Mädchen finden. Und Tims Frau hast Du auch noch. Sie war heute morgen hier, und ich war natürlich völlig erschlagen. Hübsche blonde Mädchen wirken immer auf alte Jungfern, vor allem, wenn sie noch ein entzükkendes Baby mitbringen.«

»Anne und Gerard sind beide sehr liebenswert. Besser hätten Larry und ich es nicht haben können.«

»Alles ist nett und gemütlich. Freundlich zu Außenseitern und trotzdem eine heimliche Warnung, das Innerste nicht zu betreten. Ein ausgewählter kleiner Kreis. Ich beglückwünsche dich dazu.«

Ihre klugen Augen funkelten und nahmen der Bemerkung jeden beleidigenden Ton. Ich sagte: »Du bist aber kein Außenseiter. Du gehörst wirklich richtig zu unserem Kreis«, denn ich hatte aus ihrer Stimme Sehnsucht herausgehört.

»Das ist nett, Susan, natürlich nehme ich das an. Ich war auf diese geschlossenen Zirkel im Hinterland nicht vorbereitet.«

»Geschlossene Zirkel? Was für ein schreckliches Wort. Klingt wie ein Haufen sehr selbstzufriedener Intellektueller.«

»Oh, nicht nur Intellektuelle werden etwas selbstgefällig.«

Das war ein kluger Hinweis, und ich mußte lachen. »Ich habe so das Gefühl, als würdest du schon verhindern, daß wir zu selbstgefällig werden«; und das würde sie tun, wenn sie immer so redete, wie schon in den zehn Minuten nach unserer ersten Begegnung.

Bedenken hatte ich nur wegen Tony. Der Rest von uns würde damit fertig, aber Tony war doch sehr modern. Nicht zu ausgefallen, aber es reichte. Selbst in meiner Jugend vertrugen die

Jungen nicht gut Kritik. Wie würde sie die leicht bitteren Kommentare dieser Dame aus der Zeit König Eduards hinnehmen? Ob die Daten nun stimmten oder nicht, in diese Zeit paßte Miss Fletcher mit Sicherheit. Wie würde Tony auf dieses braune, hochgeschlossene Kleid reagieren und auf diesen Rock, der ganz unfreiwillig Maxi war, auf ihre flachen Absätze, auf ihr kurzes, sprödes Haar und vor allem auf ihre scharfe Zunge?

Die Antwort erfolgte sofort, denn gerade in diesem Augenblick kam Tony auf ihrem Pony Babette die Straße heraufgeritten. Es war zwar nicht Samstag, aber manchmal, wenn es im Supermarkt nicht soviel Arbeit gab, ritt Tony für einen Abend nach Hause, und da Larrys Haus auf ihrem Weg lag, machte sie normalerweise einen kurzen Besuch. Ich vermute, daß sie sich dieses neue Mitglied unseres »Zirkels«, wie Miss Fletcher ihn etwas lieblos nannte, ansehen wollte, und sie winkte, als sie zum Tor hineinritt. Kate saß noch aufrechter, wenn das überhaupt möglich war, und winkte zurück.

»Lieber Himmel, ist das ein schönes Bild. Der bezaubernde Rotschopf, von dem ich schon gehört habe, ein Anblick, der alte Augen erfreut. Kein Wunder, daß sie dein ein und alles ist, Susan.«

»So hat Larry also schon etwas erzählt.« Aber ich versuchte auch nicht, es zu leugnen. »Ich habe immer etwas für schöne Menschen übrig, vor allem wenn sie fröhlich und freundlich sind. Aber weißt du, sie ist sehr modern.«

»Warum nicht? Ist das eine Warnung für eine alte Jungfer? Wer so aussieht, kann so modern sein, wie er will.«

Tony war von Babette abgestiegen und kam den Weg hinauf; dabei redete sie die ganze Zeit.

»Susan, mein Schatz, diesen Abend habe ich frei, denn es ist ziemlich ruhig, und Caleb sprang gern ein«. Tony, die eine Leidenschaft für arme Teufel besaß, hatte den armen verzweifelten Caleb vor einem Jahr entdeckt und ihn in der kleinen Hütte hinter Tantchens Laden einquartiert, wo er leben und außerdem ihr selbst und Tantchen bei der Arbeit helfen sollte. Er war jetzt glücklich und wirklich ein Gewinn; wenn ihn niemand hetzte, konnte der gute Alte ohne weiteres ein paar Stunden auf den Supermarkt aufpassen.

Tony hatte mich umarmt und grüßte nun Tante Kate, wie üblich mit einem hervorsprudelnden Redefluß. »Du bist Sams Tante Kate. Bitte, sei für uns alle Tante Kate. Wie schön, daß du bei Larry bleibst. Ist das nicht ein zauberhafter Ort, und ist Larry nicht wunderschön? Herrlich, so auszusehen, wenn man weit über dreißig ist.«

»Ein unglaubliches Alter. Sie müßte eigentlich schon runzlig und gelb sein wie ich. Und du bist sicher fast zwanzig, oder? Für so ein junges Ding hast du dir ein komisches Leben ausgesucht.«

»Oh, es ist ein herrliches Leben. Ich wollte nicht um alles in der Welt in einer Stadt leben. Ich habe Melbourne gehaßt. Mit meiner Mutter habe ich mich nie vertragen, weil ich nicht so klug war wie mein Bruder Robert. Außerdem hat sich mein Vater wirklich ziemlich schlecht benommen. Das stimmt, Susan; sieh mich nicht so an. Ich habe ihn lieb, und es macht mir auch nichts aus, die meisten Männer würden sich bei Mutter schlecht benehmen. Sie ist so überheblich. Dann hat sie ihn laufen lassen und einen Professor geheiratet, der für sie genau das Richtige, aber für mich die Hölle war. War es da nicht ein Glück, daß ich zu Susan und Paul flüchten konnte?«

Ich war verwirrt. Wir waren alle daran gewöhnt, daß Tony über ihre Eltern und alles andere offen sprach, aber hier hatte sie eine Fremde vor sich. Ich brauchte mir jedoch keine Sorgen zu machen, denn sie lächelte nur und sagte: »Deine Lebensgeschichte in einem Atemzug – oder den Anfang davon. Sei nicht so sicher, daß dies das einzig mögliche Leben ist. Es gibt noch andere gute Möglichkeiten.«

»Aber nicht so gut wie diese. Natürlich habe ich manchmal gerne etwas Abwechslung, deshalb reise ich zweimal im Jahr mit meinem Vater durch die Städte, wenn er herüberkommt. Das mache ich vierzehn Tage lang auch ganz gern. Aber dann reicht es. Danach komme ich hierher zurück, und das ist das Beste an der ganzen Geschichte.« Ich gab mir Mühe, nicht eingebildet auszusehen, aber Kate blickte mich höhnisch an und sagte: »Das Beste von zwei Welten – aber warte nur ab. Irgendein junger Mann wird dich in die Stadt locken, und du wirst feststellen, daß das letztlich am besten ist.«

»Werde ich nicht tun. Was wettest du, Tante Kate?«

»Ich wette nicht. Das ist eine schlechte Angewohnheit. Aber wir werden sehen.«

In diesem Augenblick kam Larry aus dem Haus, und das Gespräch hörte auf. Aber es hinterließ ein etwas ungutes Gefühl bei mir. Kate hatte recht. Tony war zu jung, um sich dem Leben im Hinterland ganz zu verschreiben. Sie mußte noch viel lernen.

Beim Tee erzählte sie uns den ganzen Klatsch aus dem Bezirk. Sie führte jetzt praktisch mit Hilfe von Caleb und einem ganz reizenden Mischlingsmädchen von siebzehn Jahren den Supermarkt. Die Geschäfte gingen gut, und Tantchen lachte immer über die vielen Junggesellen, die bei ihr einkauften, seit sie Tony hinter den Ladentisch gestellt hatte.

»Sollte das Postamt einmal ausgebaut und ein richtiges Haus hingestellt werden, dann werde ich mich dorthin zurückziehen und Tony das Geschäft überlassen«, sagte sie immer.

Jetzt sagte Tony: »Am aufregendsten finde ich, daß Peters Stute ihr Fohlen bekommen hat. Ich werde es mir am nächsten Wochenende ansehen.«

Peter war natürlich Peter Anstruther, auf welchem meine stillen Hoffnungen für Tony ruhten. Die nächste Neuigkeit war willkommen, machte mich jedoch etwas unruhig.

»Endlich kommt ein neuer Arzt. Er wird in dem Haus wohnen, das sie gegenüber vom Supermarkt gebaut haben. Hoffentlich wird es lustig.« Einen Arzt zu bekommen war schon gut.

Der letzte war nur drei Monate geblieben, und Ersatz zu finden war nicht leicht. Was die Ärzte betraf, so war die Lage in Neuseeland äußerst schwierig; sogar in den Städten herrschte ein akuter Mangel. Auf dem Land, wo für viele Annehmlichkeiten gesorgt wurde, und sogar in den Städten auf dem Lande waren kaum welche zu bekommen, und wir hatten einige Schwierigkeiten in Tiri gehabt, seit unser letzter Doktor gegangen war. Ich sagte: »Hoffentlich bleibt er länger als der letzte, aber ich glaube es kaum. Vielleicht hat er eine Frau wie Mrs. Marshall, die das Hinterland für ihre Gesundheit braucht.«

Die letzte Arztfrau hat das Leben hier gehaßt, und ich machte ihr keinen Vorwurf, sie war an ihr kleines Häuschen in Tiri gebunden, und ihr Mann war ständig unterwegs.

»Er hat Gott sei Dank keine Frau.«

Als Tante Kate fragte, ob Tony Ehefrauen nicht möge, sagte sie: »Nein, wenn sie wie diese Frau an nichts im Bezirk ein gutes Haar lassen. Jedenfalls wird es ohne Frau einfacher mit ihm sein.«

Das war schon möglich, denn man konnte von den meisten Arztfrauen kaum erwarten, daß es ihnen in Tiri gefiel. Es war erstaunlich, daß sie überhaupt einen Arzt gefunden hatten, der bereit war, hierher zu kommen, wenn auch mit einer solchen Praxis gutes Geld zu machen war. Aber man verdiente es schwer, denn die Arbeitszeit war lang, die Entfernungen weit, und es gab keinen Notarzt, der einen am Wochenende ablöste, während die anderen Ärzte Golf spielten. Man konnte jungen ehrgeizigen Männern keinen Vorwurf machen, wenn sie nicht hierher kommen wollten, wo man doch in der Stadt unter besseren Umständen sein Geld leichter verdienen und noch wertvolle Erfahrungen sammeln konnte. Der ganze Bezirk würde dankbar sein, überhaupt einen Arzt zu haben, aber ich hoffte, daß es ein mittelalterlicher Witwer sein würde, den Tony sicher bemuttern würde, sich aber nicht in ihn verlieben konnte. Da das unwahrscheinlich schien, hoffte ich auf einen selbstsicheren, forschen jungen Mann, der mit irgendeiner bezaubernden Krankenschwester ›ein Verhältnis‹ hatte.

Ich glaube, Tante Kate hatte meine Gedanken erraten, sie sagte jedoch nur: »Man kann sich viel besser erholen, wenn man eine Frau hat und ein gutes Essen, das nach einer langen Fahrt über diese schrecklichen Straßen auf einen wartet.«

Das war gerade die Gefahr. Da er keine Frau hatte, würde Tony sicher Mitleid mit ihm bekommen, und sie war der geborene Schutzengel, vor allem für jeden, der ihrem geliebten Hinterland diente. Vor zwei Jahren war ihr siebzehnjähriges Herz fast wegen eines kränklichen frommen Pfarrers zerbrochen, der sich für seine Pfarrkinder abplagte. Diese unheilbare Leidenschaft für arme Kerle brachte sie in diese Schwierigkeiten. Ein gebrechlicher Krüppel würde jedoch kaum freiwillig nach Tiri kommen.

Tony fuhr fort: »Er heißt Oliver Barrett und soll sehr nett sein. Das ist seine erste eigene Praxis, und er will auf jeden Fall sechs Monate bleiben. Das ist immerhin etwas.«

Larry machte ein hämisch belustigtes Gesicht. Sie hatte mich immer mit meiner Zuneigung für Tony aufgezogen, aber sie gab zu, daß es manchmal Anlaß zur Beunruhigung gab. Tony war schön, attraktiv, aber nicht sehr vernünftig. Außerdem würde sie eines Tages zu Geld kommen, denn ihr Vater war ein wohlhabender Mann. Ein junger Arzt würde nicht lange brauchen, um zu merken, daß sie mehr war als »das kleine Mädchen, das hinter dem Ladentisch steht«.

Sie wäre sowohl eine gute Partie als auch eine attraktive Ehefrau. Ich sagte wenig überzeugend: »Es wird gut sein, jemanden hier zu haben und die Kranken nicht dreißig Kilometer weit zum nächsten Arzt fahren zu müssen – und sechs Monate ist immerhin etwas.« Insgeheim hoffte ich, daß nicht zuviel daraus werden würde.

2

Larry hatte Tante Kate für Samstag nachmittag eingeladen, und sie war da, als Tony von der Besichtigung des kleinen Fohlens zurückkam. Das Mädchen war hinübergeritten und kehrte in Peters Begleitung strahlend zurück. Wir beobachteten, wie sie fröhlich am Tor mit ihm plauderte, und Kate meinte: »Ich kann dir keinen Vorwurf machen, Susan. Es ist das lieblichste Wesen, dem ich seit langem begegnet bin. Dein stolzer Blick sagt: »Sie ist schön, und sie gehört mir.« Ersteres stimmt, letzteres nicht. Mach dir keine Sorgen um sie, versuche nicht, sie richtig anzuziehen und sie an den richtigen Mann zu bringen. Du wirst keinen Erfolg damit haben.«

Ich protestierte. Ich habe nie jemandem etwas von Peter erzählt, und das Kleiderthema hatte ich schon lange aufgegeben. Nicht daß Tonys Kleider meine Zustimmung gefunden hätten, aber ich konnte nichts dagegen tun. Sie trug im Moment gerade einen so kurzen Minirock, daß man ihn kaum sehen konnte, und alle Mädchen vergruben ihre Gesichter hinter langen glatten Haarsträhnen. Tony hatte zwar schönes rotbraunes Haar mit herrlichen Locken, aber auf einer ihrer Reisen mit ihrem Vater hatte sie einen gewissenlosen Friseur überredet, es völlig zu entkrausen. Als sie zurückkam, waren die Locken verschwunden; statt dessen hatte sie glatte Strähnen. Ich war wütend, aber die Zeit tat das ihre, und das Haar fiel jetzt wieder eigenwillig in Locken über ihren Rücken.

»Ich verstehe gar nicht, wie du das Gekitzel aushältst, abgesehen davon, daß es schrecklich aussieht«, sagte Paul, als sie ihn durch ihren Haarvorhang anblinzelte, aber sie lachte nur und sagte: »Du armer hoffnungsloser Mensch. Du hast nicht einmal Koteletten, und das sieht richtig nackt aus, wenn man an all die hübschen Jungens in der Stadt denkt.« Das trug den Krieg ins

Feld des Feindes, und Pauls Brummen zeigte, daß die Taktik erfolgreich war.

Jetzt kam sie mit Peter auf uns zu, und mir kam der dumme Gedanke, was für ein nettes Paar sie doch waren. Peter war groß, dunkel und zurückhaltend; nicht gutaussehend, hatte aber aufrichtige Augen und ein kräftiges Gesicht. Er sah irgendwie solide aus, was Paul und mir gefiel, ein junges Mädchen aber vielleicht weniger ansprach. Zumindest mochte Tony ihn aber gern. Sie interessierte sich brennend für seine Farm, insbesondere für das Fohlen. Vielleicht, so dachte ich in meiner Einfalt, würde sie das zusammenbringen.

Peter machte einen leicht erschrockenen Eindruck, als er Tante Kate vorgestellt wurde, wie ich sie nun nennen durfte. Man sah heutzutage nicht oft einen Menschen wie sie, und Bestürzung war wohl häufig die erste Reaktion eines Mannes. Aber dann kam ein trockener, kurzer Kommentar, und man sah Humor und Herzlichkeit in dem einfachen Gesicht. Tony hatte das sofort entdeckt und war ganz ungezwungen wie bei allen Leuten, die sie mochte. Sie küßte die verwitterte, knochige Wange und sagte: »Meine Gute, warum trägst du keinen Kneifer, dann würdest du Tantchen noch übertreffen.«

Kate, die Miss Adams noch nicht kennengelernt hatte, sah erstaunt aus, darauf sagte Larry: »Am Montag machen wir einen Besuch im Laden, und dann wirst du sehen, daß ihr vom selben Schlag seid.« Aber das heißt nicht, daß sie einander mögen werden, dachte ich. Gewiß hatten sie eine oberflächliche Ähnlichkeit, dasselbe Funkeln in den Augen, die Zuneigung zur Jugend und den Humor, den man erst nur ahnen kann. Aber das war auch schon alles. Miss Adams war vielleicht Ende fünfzig, aber sie war elegant und ging mit der Zeit. Sie hatte nichts von einer enttäuschten alten Jungfer. Sie hatte alles andere als ein abgeschlossenes, langweiliges Leben geführt, zu dem Kate Fletcher verdammt gewesen war. Sie hatte jeden Tag ihres Lebens im Hinterland genossen, machte einen Erfolg aus einem entlegenen

Geschäft und war die Freundin und Vertraute des halben Bezirks. Ihr Leben war erfüllt und glücklich. Sie hatten wohl beide ein weiches Herz in der harten Schale, aber gerade diese Ähnlichkeit könnte eine Freundschaft zwischen ihnen verhindern. Ich hoffte es jedoch nicht, denn sie würden gute Verbündete abgeben.

Tony war ganz begeistert von dem Fohlen. »Es ist herrlich, ganz wackelige Beine und ein herrlicher Kopf. Nicht ein weißes Haar. Peter, das gibt ein erstklassiges Rennpferd.«

»Ein guter Ackergaul ist mir lieber. Ich will keine Rennen gewinnen.«

»Oh, sei doch nicht so langweilig. Denk doch nur an seinen Stammbaum. Warum hast du so viel Geld ausgegeben, wenn du es gar nicht ausbilden willst?«

Aber Peter sagte nur: »Eine gute Aufzucht kann nicht schaden. Aber für Rennen habe ich nichts übrig.«

Als er gegangen war, seufzte Tony ungeduldig. »Am liebsten würde man Peter doch mal kräftig durchschütteln. O ja, ich weiß, daß er ein guter Kerl ist, aber er erinnert mich an dieses Bauernomelett, über das sich Paul so aufgeregt hat, als du weg warst.«

Tony war keine gute Köchin, und während meiner dreitägigen Abwesenheit war ihr, wie Paul erzählte, irgendwie ein Bauernomelette gelungen, das dann die ausschließliche Nahrung darstellte. Sie fuhr fort: »Ich fand es schrecklich nörglerisch von Paul. Ein Bauernomelette ist so gut und so sicher und verläßlich, genau wie Peter.« Ich seufzte. So sprach man nicht von jemandem, in den man verliebt war.

Es war albern von mir zu bezweifeln, daß Tantchen und Kate miteinander auskommen würden. Der Besuch war ein voller Erfolg. Zunächst beäugten sie einander ziemlich vorsichtig, aber bald begann Tantchen von ihrem Leben im Laden zu erzählen, und Miss Fletcher brachte sie dazu, von der ersten Zeit zu sprechen, als sie ihn übernahm. Er war damals fast pleite gewesen, denn der frühere Besitzer hatte vor allem schwarz mit Alkohol gehandelt, aber Tantchen hatte ein blühendes Geschäft aufgebaut.

Als sie geschlossen hatte, seufzte Kate und sagte: »Sie waren so klug, auszureißen. Ich wünschte, ich hätte das auch tun können, aber man kann nicht einfach gehen und seine Eltern allein lassen.«

»Ich könnte es«, sagte Larry ungestüm. »Natürlich habe ich nie Eltern gehabt, abgesehen von Onkel Richard, aber ich hätte mein Leben nie anspruchsvollen alten Leuten geopfert.«

»Nein«, erwiderte Kate. »Niemand, der so aussieht wie du, wäre dazu verpflichtet gewesen.«

Aber Tantchen bemerkte nur vernichtend, daß ihre und Miss Fletchers Generation noch Pflichtgefühl besäßen, während die Jugend keines mehr zu kennen scheine. Dann fügte sie zu Kate gewandt hinzu: »Aber es ist nicht zu spät. Es ist nie zu spät. Sie können noch massenhaft Abenteuer erleben.«

Aber Miss Fletcher sagte nur traurig: »Man muß erst das Geschick dazu haben«, dann wechselte sie das Thema.

Der neue Arzt sollte nächste Woche ankommen, und zu seiner Begrüßung war ein großes Fest geplant. Das ist immer so. Große Feste sind die einzigen gesellschaftlichen Ereignisse des Hinterlandes. Ich halte nicht viel davon, denn sie können sehr langweilig sein. Die Männer versammeln sich an der Tür und sprechen über Schafe und Preise, die Frauen sitzen auf den langen Bänken an der Wand entlang und betrachten neugierig die Rocklängen der anderen und sehen, wieviel sie zum Festessen beigetragen haben. Als ich mich darüber beschwerte, sagte Tante Kate trocken: »Ich vermute, eure liebe Familie hockt zusammen und spricht von der guten alten Zeit.«

Das kam der Wahrheit schrecklich nahe, und ich sagte zu

Larry: »Wir müssen das ändern und uns mehr unter die Leute mischen.«

Nicht, daß wir die Neuankömmlinge nicht gemocht hätten; wir fanden sie meistens sympathisch. Nur, sie kamen und gingen, und wir blieben. Mit der Entwicklung des Landes und mit dem Bau besserer Straßen in den letzten zehn Jahren hatten die Farmen ziemlich häufig ihre Besitzer gewechselt. Ein Farmer, der seine Arbeit verstand, sah gutes Land, kaufte es, verbesserte es und verkaufte es mit Gewinn. Sein Nachfolger brachte die Entwicklung eine Stufe weiter, lebte ein paar Jahre dort, und war, wie wir hofften, ansässig geworden. Dann passierte irgend etwas. Seine Kinder mußten zur Oberschule, seine Frau wurde krank oder hatte das Hinterland satt, und dann verkaufte er, vielleicht widerwillig, aber mit Gewinn. Das hatten wir sehr oft erlebt, und daher waren wir nicht bereit, jeden Neuankömmling als Freund für das ganze Leben zu begrüßen. »Du meinst, daß ihr euch wie Pioniere fühlt, mit eurem Oberst an der Spitze«, sagte unsere Kritikerin, als ich versuchte, das alles zu erklären.

Kate war mit Oberst Gerard nicht gut ausgekommen, denn er war altmodisch genug zu meinen, eine Frau müßte alles tun, um reizend und charmant zu sein. Er war verdutzt über ihre Offenheit und ihre Kritik an unserem Leben, das er ja auch führte. Er hatte sich, wie sie sagte, zum Häuptling der Sippe gemacht, war ungeheuer redlich mit seinen Gefolgsleuten und eifrig bemüht, Traditionen beizubehalten. Jetzt war er ein alter Mann, und obwohl er sich äußerlich nur wenig verändert hatte, obwohl sein Körper nur ein bißchen gebeugter war und sein weißes Haar noch immer voll, war er gealtert und konservativer denn je.

In einer Hinsicht jedoch fand Kate seine Zustimmung. Larry hatte recht gehabt mit der Schwäche der alten Jungfer für Kinder und mit ihrer geheimnisvollen Eigenschaft, sie für sich zu gewinnen, selbst das Baby Gerard. Es war seltsam, denn normalerweise mögen Kinder gutaussehende Menschen, aber unsere erkannten in ihr sofort eine Verbündete. Sie teilten nicht im geringsten unsere Furcht vor ihr, sondern vertrauten ihr sofort selbst die ungezogensten Streiche an. Als er sah, wie die Zwillinge um einen Platz auf ihrem Schoß kämpften, schmolz der Oberst dahin.

»Schade, daß eine so nette Frau nichts für ihr Aussehen tut«, vertraute er Larry an. »Es scheint ihr egal zu sein. So darf eine Frau nicht sein.«

»Nein, das darf sie nicht, aber sie wird so, wenn sie ihr Leben lang für selbstsüchtige alte Eltern gesorgt hat, nie Freuden kannte und noch mit fünfzig wie ein Schulmädchen behandelt wurde. Wenn man sechzig ist und endlich seine mürrische alte Mutter beerdigt hat, ist man kaum noch in der Stimmung, sich zu schminken oder zu einer guten Schneiderin zu gehen.«

Der Oberst wurde versöhnlicher. »Sie ist also zu Hause geblieben und hat sich um sie gekümmert? Nicht wie die jungen Leute heutzutage.«

Er wurde sofort von Tony zurückgewiesen, die sich bei ihm Dinge herausnahm, wie es keiner von uns gewagt hätte.

»Komm, mein Schatz, jetzt verfalle nicht ins Mittelalter. Du bist doch gar nicht so. Du hättest nie gewollt, daß Anne sich für dich opfert. Ich glaube, Kate hat sich einfach dazu gedrängt. Vielleicht standen die jungen Männer bei ihr nicht gerade Schlange, aber ich wette, sie hätte bestimmt heiraten können. Ich finde, das ist ein Jammer.«

Nichts feuert Tony mehr an als Ungerechtigkeit. Ich war froh, daß Tante Kate nicht dazu geschaffen war, sich bemitleiden zu lassen oder zum Gegenstand von Tonys Kreuzzügen zu werden. Wie schrecklich, wenn sie versucht hätte, sie mit dem Oberst zu verheiraten!

»Natürlich kommst du mit zu dem Begrüßungsfest für den Doktor«, sagte Larry zu Tante Kate. »Den wahren Freuden des Lebens im Hinterland sollte man nicht aus dem Wege gehen.

Außerdem wirst du eine Küche kennenlernen, die alles in diesem Hause übertrifft. Was man anzieht? Die Leute tragen alles. Manche kommen mit Wolljacke und Rock, andere ganz vornehm. Dein graues Seidenkleid ist genau das Richtige.«

Abgesehen davon, daß es sieben Jahre alt und damals schon altmodisch war, hatte Larry recht.

Mrs. Palmer, die bei Tiri lebte und eine gute Seele war, rief mich zufällig vor dem Fest an. Sie sagte: »Der Doktor ist angekommen. Er ist so nett. Ich habe ihn im Supermarkt gesehen. Er sieht jung und etwas still aus, aber nicht hochnäsig. Eure Tony hat ihm gesagt, was er sich für seinen Hausstand kaufen soll.«

Das sah ihr ähnlich. Wahrscheinlich hatte sie ihn schon ganz unter ihre Fittiche genommen. Ich erzählte Larry, was ich gehört hatte. Sie lachte nur gefühllos.

»Jetzt wirst du wegen Tony völlig aus dem Häuschen geraten. Hoffentlich entwickelst du dich nicht zu einer kindischen Mutter . . . Aber weißt du, Susan, Kate hat recht. Wir sind Fremden gegenüber kritisch. Er ist wahrscheinlich ein sehr netter junger Mann und sowieso in eine kleine Krankenschwester verliebt. Tony ist erwachsen geworden, seit sie sich damals in einen kränklichen Pfarrer verliebt hat. Ich wette, daß sie viele gutaussehende junge Männer kennenlernt, wenn sie mit ihrem Vater unterwegs ist.«

Natürlich hatte sie recht, und ich mußte für das Begrüßungsfest an diesem Abend Begeisterung zeigen. Paul kam mürrisch herein, wie das Farmer so an sich haben, die nach einem langen Arbeitstag noch ausgehen müssen, obwohl es ihnen normalerweise gefällt, wenn sie dann da sind und mit ihren Freunden fachsimpeln.

Als wir an diesem Abend ausgingen, waren wir froh, einen ständigen Babysitter zu haben.

Tante Kate hatte sich sehr um diese Aufgabe bemüht, aber wir erklärten, daß wir schon seit Jahren alle Kinder sammelten und sie zu Mrs. Evans brachten, die nur allzu froh war, eine Entschuldigung zu haben, um gesellschaftlichen Verpflichtungen fernzubleiben. Häufig bettelte auch der Oberst darum, und dann hatten die Kinder ein richtiges Fest, wenn auch kein allzu wildes. Aber bei einer Gelegenheit, wie bei der Begrüßung des neuen Arztes, mußte der Oberst anwesend sein.

In Gedanken an Kates Bemerkung über unseren »geschlossenen Zirkel« sagte ich zu Larry: »Nein, wir werden nicht zusammen ankommen, und vergiß nicht, dich unter die Leute zu mischen. Das heißt, wenn es den anderen recht ist. Ich persönlich glaube eigentlich, daß wir sie langweilen.«

»Wahrscheinlich. Alte Pioniere und so weiter. Aber ich will es versuchen. Geht Tony mit dir hin oder mit Tantchen?«

»Mit Tantchen. Sie machen Inventur, deshalb ist sie in Tiri geblieben. Natürlich nennt sie den jungen Mann jetzt wahrscheinlich schon beim Vornamen. Er mußte bestimmt einkaufen, und du kennst doch Tony.«

Ich war fest entschlossen, Peter zu seinen Pflichten zu zwingen, daher rief ich ihn an und bat ihn, zum Abendessen zu kommen und sich uns dann anzuschließen. Seine Schwester Alison und Julian waren weg, und ich war ziemlich sicher, daß er dem Fest fernbleiben wollte.

Er begann: »Na ja, ich weiß nicht, Susan. Diese Dinge sind nicht so ganz mein Fall.«

Ich gab eine scherzhafte Antwort. »Aber Peter, sei kein Eigenbrötler, zumindest nicht in den nächsten dreißig Jahren. Sogar der Oberst kommt, und wir trommeln alle Leute zusammen, um diesen edlen jungen Mann zu ehren, der sich bereit erklärt hat, sechs Monate im Hinterland zu verbringen.«

»Sechs Monate? Länger macht er es nicht?«

»Das ist immerhin etwas – viele Leute können in sechs Monaten sterben, wenn sie keinen Arzt haben. Vielleicht bleibt er auch länger. Ich glaube, das hängt von seiner Freundin ab, ob sie das Landleben mag oder lieber die Frau eines Modearztes in der Stadt ist.«

»Er ist also verlobt?« Verriet seine Stimme nicht Erleichterung?

»Ja, sicherlich. Du weißt doch, wie die Mädchen diesen jungen Ärzten nachlaufen, und er ist im Laufe der Zeit bestimmt massenhaft jungen hübschen Krankenschwestern begegnet. Ärzte heiraten immer Krankenschwestern.«

Ich wünschte, ich wäre wirklich so überzeugt davon, wie ich behauptete. Schließlich erklärte er sich einverstanden zu kommen, und das war schon etwas. Ich wollte nicht, daß Peter sich zu einem dieser hervorragenden Farmer entwickelte, die sonst gar nichts sind, und ich glaubte, daß darin eine Gefahr für ihn lag. Tonys leichtfertige Bemerkung über das Bauernomelett hatte mir gar nicht gefallen. Wenn man es so sah, hätten auch Sam und Paul leidenschaftliche Farmer sein können und wären langweilig geworden, hätten Larry und ich nicht darauf bestanden, sie gelegentlich zum Ausgehen zu zwingen. So waren sie zu ganz annehmbaren Mitmenschen geworden, obwohl sie vorher immer ziemlich jammerten. Wer auch immer Peter heiratete, mußte dasselbe Werk vollbringen.

Paul machte jetzt ein finsteres Gesicht, als er in seinen Anzug stieg und sagte etwas von der schlechten Angewohnheit, für jeden Begrüßungs- und Abschiedsfeste zu geben. »Es ist ja etwas anderes, wenn einer kommt, der wirklich bleiben will. Man müßte ein Fest geben, wenn ein Mann jahrelang seine Farm geführt hat und ansässig geworden ist«, murmelte er.

»So wie wir«, sagte ich schnell. »Na ja, wenn du den Leuten nicht verzeihen kannst, daß sie gehen, solltest du sie um so herzlicher willkommen heißen, wenn sie dem ins Auge sehen, was man ›die Härten des Lebens im Hinterland‹ nennt.«

»Zum Teufel mit den Härten. Heute ist es ein angenehmes Leben.«

»Nicht für einen Arzt. Er kann an einem Winterabend nicht am Feuer sitzen und sicher sein, daß sein Tag zu Ende ist. Er kann nicht zu Bett gehen und wissen, daß er die Nacht durchschläft. Ärzte haben auf dem Land noch immer ein hartes Leben, Farmer nicht.«

»Deshalb wollen sie vermutlich nicht bleiben. Der letzte packte schnell seine Sachen und ging, bei diesem wird es nicht viel anders sein. Kaum ist das Begrüßungsfest zu Ende, schon schwenken wir unseren Hut wieder zum Abschied.« Ich mußte zugeben, daß Paul hierin nicht ganz unrecht hatte.

So machte sich mein Mann wie gewöhnlich zu der Veranstaltung in einer Stimmung auf, die man nicht gerade als Festlaune bezeichnen konnte. Ich meinte, daß ich mehr Grund zum Klagen hatte. Ich hatte den Vormittag damit verbracht, mein Kleid zu kürzen, um die Festlichkeiten dieses Jahres zu überstehen, und am Nachmittag hatte ich Kuchen gebacken und Brötchen für das Abendessen vorbereitet. Larry ging es genauso, aber sie war von dem Gedanken besessen, Kate im Bezirk bekannt zu machen und die verschiedenen Reaktionen zu beobachten.

»Sie ist einfach phantastisch«, sagte sie, als wir uns im Festsaal trafen. »Sieh dir das Kleid an. Du und ich, wir haben Stunden damit verbracht, unsere Kleider herzurichten, um modisch auszusehen, auch jetzt, wo wir wieder arm sind.«

Das war mehr als ich vertragen konnte. »Du meinst, ich tue das. Du bringst das Kleid zu mir und sagst dann, daß du meine Fenster oder mein Silber putzt – was ich beides nicht will –, während ich wie eine Irre nähe«; denn Larry hatte immer behauptet, sie könne nicht nähen und hatte es irgendwie glaubhaft gemacht.

Sie nahm davon weiter keine Notiz. »Und die alte Kate trägt ein Kleid, was ihr irgendeine elende Verkäuferin vor acht Jahren aufgehängt hat, weil es damals schon zu altmodisch war, um verkauft zu werden, und sie ist völlig glücklich und macht sich überhaupt nichts daraus, wie sie aussieht. Ich habe ihr eine Kette angeboten – die schrecklich teure, die Onkel Richard mir zu meinem letzten Geburtstag geschenkt hat, aber sie lehnte ab und sagte: ›Ein für allemal, Larry, es lohnt sich überhaupt nicht, mich zu zwingen, etwas für mein Aussehen zu tun. Ich sehe so aus, wie ich eben aussehe, wie eine Jungfer der alten Schule, und ich habe trotzdem viel Spaß.‹ Das ist die richtige Einstellung, Susan.«

Ich gab ihr recht, aber ich spürte, daß ich ihr noch nicht nacheifern konnte. Im Festsaal hatten sich an diesem Abend viele Leute versammelt. Nur Menschen, die lange Zeit ohne Arzt waren, können ermessen, was wir bei seiner Ankunft empfanden. Selbst wenn er nicht blieb, brachte er für einige Zeit Erleichterung. Es gab wohl damals Hunderte von kleinen Gemeinden in Neuseeland, die hoffnungslos enttäuscht waren, weil es keine ärztliche Hilfe gab, und wir wollten unseren Segen geben und den jungen Mann herzlich willkommen heißen ... Es bestand immer die Hoffnung, daß er sich als einer dieser selbstlosen, großherzigen Hinterlandärzte erwies, von denen man manchmal liest.

Er kam spät an, und man hatte längst zu tanzen begonnen, als er sich, so unauffällig wie möglich, in den Saal schlich. Er war überhaupt nicht der selbstsichere hochnäsige Typ, den ich insgeheim erhofft hatte. Andererseits sah er nicht auffallend gut aus und war nicht übermäßig eindrucksvoll; ein ganz normaler netter junger Mann, nicht besonders groß, blond, mit einem freundlichen Gesicht, das einen Anflug von Weichheit hatte. Er schien etwas verlegen, der Mittelpunkt zu sein, und war offensichtlich erleichtert, als der Oberst auf ihn zuging und sich mit ihm ungezwungen unterhielt, bis der Tanz zu Ende war. Dann führte er ihn im Saal herum und stellte ihn überall vor. Dr. Barret stand diese Qual gut durch; er schien den meisten Leuten etwas zu sagen zu haben, und man sah, daß er einen guten Eindruck machte. »Keiner von diesen Leinwandärzten«, hörte ich eine Frau sagen, die in meiner Nähe saß, und ihre Freundin antwortete: »Das ist gut. Sie sind so eingebildet, wenn sie zu gut aussehen.«

Als er zu Paul und mir kam – mein Mann hatte sich schon so lange von seinen alten Freunden losgerissen, daß er sogar den Pflichttanz mit mir schon absolviert hatte – sagte der Oberst: »Das sind zwei von den ersten Siedlern. Susan Russel ist seit elf Jahren hier und ihr Mann noch länger; sie haben eine der ältesten und typischsten Farmen.« Oliver Barrett murmelte ein paar bewundernde Worte, und ich lachte. »Sie machen uns so alt, Oberst. Absolut die ältesten Einwohner. Der Doktor guckt schon ganz nervös nach Anzeichen von Arthritis oder Senilität. Aber wie ist es mit Miss Adams? Sie ist wirklich unsere Pionierin.«

Dr. Barrett strahlte sofort, wie die Leute es tun, wenn Tantchen erwähnt wird. »Ich habe Miss Adams und ihre Nichte schon kennengelernt. Miss Smale hat mich bei meinen Einkäufen sehr gut beraten.«

Tony, der Trost des Junggesellen. Ich sagte: »Sie ist keine richtige Nichte von Miss Adams. Sie ist meine Nichte, oder besser, die meines Mannes. Wir alle nennen Miss Adams ›Tantchen‹, zumindest diejenigen, die schon lange hier sind. Ein Vorzug alter Freundschaft.«

Schon hatte er sich eingestellt, dieser hochnäsige Ton, den Kate verurteilt hatte, ›Betreten verboten‹. Aber er schien es nicht zu bemerken, denn in diesem Augenblick betraten Tantchen und Tony den Saal, und sein Blick wandte sich von mir ab. Ich nahm es ihm nicht übel. Miss Adams war sehr elegant, wie üblich, kein bißchen ein Dorfkaufmann. Und Tony? Es war kein Vorurteil von mir, wenn ich sie für schön hielt, und sie sah in ihrem smaragdgrünen, unglaublich kurzen Kleid und ihrem herrlichen Haar, das sie heute hochgesteckt auf ihrem kleinen Kopf trug, nur allzu verführerisch aus. Sie strahlte und war sofort von jungen Männern umgeben, und ich freute mich, daß auch Peter einmal darunter war. Ich nahm es dem Doktor nicht übel, daß er ziemlich geistesabwesend antwortete, als ich ihn nach den Aussichten auf eine Hausgehilfin fragte.

»Das wird schon gehen. Miss Smale ist ziemlich sicher, daß sie eine Maorifrau finden kann, die putzt und wäscht. Ansonsten komme ich zurecht.«

Genauso hatte ich es mir vorgestellt – Tony ordnete sein Leben. »Aber wie ist es mit den Mahlzeiten, wenn Sie spät nach Hause kommen oder viel zu tun haben und so?«

»Das schaffe ich schon. Ich lebe schon lange als Junggeselle. Ein paar andere junge Männer und ich hatten eine Wohnung, als wir noch studierten. Wir haben uns mit dem Kochen abgewechselt. Außerdem bin ich sehr gut im Büchsenöffnen.«

Tony, die in diesem Moment mit Peter vorbeikam, hörte ihn und rief fröhlich: »Kommen Sie zu uns in die Lehre. Wir spezialisieren uns auf die Bedürfnisse einsamer Junggesellen.«

›Und auf die Junggesellen selbst‹, dachte ich böse, als ich sah, wie sich ein junger Farmer entschlossen dazwischen drängte. Es war zum wahnsinnig werden, daß Peter sofort aufgab. Wenn er natürlich keinen Mumm hatte und die Dinge laufen ließ, dann war nichts zu machen.

3

Es war ganz unvermeidlich, daß Tony und Oliver Barrett oft zusammen waren, obwohl sie sich auf seinem Fest äußerst zurückhielten. Er tanzte mit mir, mit Larry und mit einem halben Dutzend anderer verheirateter oder unverheirateter Frauen und nur zweimal mit Tony. Aber seine Blicke schweiften ständig in ihre Richtung, und als er mit ihr tanzte, war er ein ganz anderer Mensch, nicht mehr der steife junge Arzt, der für uns seine Pflicht tut – weniger konventionell, jünger, leichter zum Lachen bereit. Aber Tony ist auch so ungezwungen und natürlich, daß sie diese Wirkung auf die meisten Menschen ausübte.

Das Haus des Arztes lag dem Supermarkt direkt gegenüber, nur durch die staubige Straße und den ebenso staubigen Garten getrennt, den der Vorgänger verzweifelt aufgegeben hatte. Das Sprechzimmer lag an der Ecke des Hauses und war für Tony voll sichtbar, die das Kommen und Gehen bestimmt genau beobachten würde.

Nicht daß sie darüber mit mir oder jemand anderem gesprochen hätte. Zwei Jahre bei Tantchen hatten sogar Tony Verschwiegenheit beigebracht, und sie wußte, daß bei Patienten eines Arztes absolute Geheimhaltung geboten war. Man hatte jedoch abgemacht, daß Mitteilungen durch den Supermarkt übermittelt werden sollten, wenn er Besuche machte, und Tony wußte normalerweise, wo er sich aufhielt.

Natürlich merkte sie auch, wenn das Haus an den Herbstabenden dunkel und die Garage leer war, und ebenso selbstverständlich stellte sie sich vor, wie ein junger Mann müde in ein kaltes Haus zurückkommt und beginnt, seine langweiligen Büchsen zu öffnen. Wenn er nicht um 7 Uhr zurück war, schickte Miss Adams sie oft mit einer Mahlzeit hinüber, die im Ofen warmgestellt wurde, und am nächsten Morgen kam er dann, um sich zu bedanken.

»Herrlich, nach Hause zu kommen und eine Mahlzeit vorzufinden und ein warmes Haus, in dem die Heizung brennt«, sagte er ihnen. »Ein Segen, auf dem Lande Nachbarn zu haben. In der Stadt würde niemand merken oder sich darum kümmern, wann ich nach Hause komme.«

Alles war sehr heimelig und gefährlich vertraut.

Nicht daß Miss Adams die Freundschaft auch nur einen Moment lang ermutigt hätte. Sie war kein Mensch, der sich in die Dinge anderer eingemischt hätte, und obwohl wir nie darüber gesprochen hatten, spürte sie, glaube ich, daß ich Peter vorzog. Aber die Telefonabsprache war eine geschäftliche Angelegenheit, und der Bezirk verließ sich auf den Supermarkt, um die Mitteilungen weiterzuleiten. Räumliche Nähe ist ein fruchtbarer Boden für die Liebe, und das läßt sich bei einem attraktiven, warmherzigen Mädchen und einem netten, überarbeiteten jungen Mann kaum vermeiden.

Außerdem war Tony in mancherlei Hinsicht ein solcher Kindskopf. Sie glühte vor Begeisterung, wenn sie dem Arzt half; sie betete ihn an, weil er sich dem Dienst ihres geliebten Hinterlandes verschrieben hatte. Oliver selbst war kein armer Kerl, aber er half allen armen Kerlen im Bezirk, und nichts hätte Tony besser gefallen können.

Was Peter betraf, so konnte man wirklich nicht sagen, wie es um seine Gefühle stand, wenn er überhaupt welche hatte. Er ließ sich nicht aus der Ruhe bringen, führte seine Farm gut und geschickt, machte uns ab und zu einen Besuch, ging aber häufiger zu seiner Schwester Alison und schien genauso freundlich und an Tony interessiert zu sein wie immer. Ein äußerst ärgerlicher junger Mann, der einem Rätsel aufgab.

Alison hat mit mir einmal darüber gesprochen, aber nur einmal. Wir hatten Kaffee getrunken und ein paar herrliche Platten gehört, denn Julian hatte viel Geld, und es gab dort keinerlei Anzeichen für eine Notlage. Plötzlich stellte sie ihre Kaffeetasse hin und fragte: »Susan, hat Tony vor, diesen jungen Arzt zu heiraten?«

Die Frage kam für mich überraschend, denn Alison ist ein zurückhaltender Mensch. Ich sagte langsam:

»Ich weiß nicht. Sie scheinen sich anzufreunden, aber sie sind zwangsläufig viel zusammen, weil der Supermarkt so nah bei seinem Haus ist und Tony alle Mitteilungen für ihn annimmt. Sie ist kein junges kleines Mädchen mehr, das sich sofort in jeden verliebt, den sie bewundert, aber sie weiß, wie nötig ein Arzt hier ist, und sie macht eine Art Held aus Oliver Barrett.«

Alison saß einen Augenblick schweigsam da, dann sagte sie ziemlich traurig: »Ich hoffte, es würde Peter sein.«

»Um ehrlich zu sein, das habe ich auch gehofft. Aber ich habe nie herausfinden können, ob Peter in sie verliebt ist oder nicht.«

»Ich auch nicht. Niemand wird jemals erfahren, ob sich etwas verändert hat. Aber ich glaube ja. Er ist in letzter Zeit noch stiller geworden und will überhaupt nicht ausgehen . . . Er ist natürlich kein umwerfender Mann. Aus ihm könnte man unmöglich einen Helden machen.«

Ich dachte daran, wie ruhig und selbstlos Peter sich nach dem Tode seines Vaters einer anspruchsvollen, schwierigen Mutter geopfert und vielleicht damals das Glück und sein eigenes Leben verpaßt hatte. Aber ich sagte nur: »Dr. Barrett ist auch kein Held. Peter ist ihm in jeder Hinsicht überlegen, sogar im Aussehen – er ist größer und weitaus männlicher. Ich glaube, Paul hat nicht ganz unrecht, wenn er sagt, der Doktor habe einen ziemlich schwachen Charakter, außer wenn es um seine eigenen Interessen gehe. Seine Interessen bestehen gegenwärtig darin, aus dieser schwierigen Praxis etwas Gutes zu machen – und davon versteht er etwas. Er ist weitaus der beste Arzt, den wir je hatten. Aber ich glaube, er braucht eine Schulter, auf die er sich stützen kann.«

»Leider stützt Tony gern jemanden, und gerade die Tatsache, daß er hart arbeitet und niemand für ihn sorgt, gefällt ihr. Peter scheint so selbstsicher zu sein. Er stützt sich auf niemanden; dieses Ehepaar bei ihm versorgt ihn bestens. Er sieht nie blaß aus, sondern einfach schrecklich gesund.«

Wir lachten beide, und ich sagte dann: »Jemanden zu stützen und zu umsorgen ist eine Zeitlang ganz schön, aber es kann langweilig werden, besonders, wenn es nur von einer Seite ausgeht; daher hoffe ich . . . Aber, laß uns dieses Gespräch vergessen, Alison. Ich spreche nicht einmal mehr mit Larry über Peter.«

Aber natürlich wußte Larry Bescheid. Es ist unmöglich, daß zwei Menschen elf Jahre lang alles geteilt haben und dann nicht erraten, was in den Gedanken des anderen vorgeht. Aber sie sprach nie darüber. So war Larry eben. Sie konnte manchmal schrecklich geschwätzig sein, aber wenn es etwas war, was mir wirklich am Herzen lag, mischte sie sich nicht ein. Gerade diese Eigenschaft machte sie zu einer so guten Freundin. Aus ihrem Schweigen merkte ich jedoch, daß sie wußte, was mir Sorgen machte.

Sorgen? Das war albern. Oliver Barrett war ein angenehmer Mensch, ein sehr fähiger Arzt, selbstlos in seiner Arbeit, nett zu jedermann und verliebte sich offensichtlich gerade von ganzem Herzen in Tony. Die meisten Mütter – und ich fühlte mich als Mutter dieses Mädchen – wären entzückt gewesen. Ich bin sicher, ihre richtige Mutter hätte sich gefreut, denn Claudia bedauerte immer den ›unglücklichen Abstieg ihrer Tochter in den Handel‹, wie sie es nannte; hiermit würde sie gesellschaftlich wieder steigen.

Ich machte mir nur Sorgen, weil ich sicher war, daß Tony in einem albernen Paradies lebte. Sie war jung und töricht genug, um zu glauben, ihr Doktor sei der selbstlose Sklave des Hinterlandes, während der Rest von uns merkte, daß er diese Praxis nur als Sprungbrett benutzte. Oliver Barrett schwieg sich über seine Zukunftspläne völlig aus, aber wir konnten sicher sein, daß sie Tiri nicht einschlossen. Ärzte waren sowohl in der Stadt als auch auf dem Lande Mangelware, und dort lagen für ihn Erfahrung und Aufstieg. Dieser junge Mann würde immer gute und gewissenhafte Arbeit leisten und wurde in der Stadt fast genauso gebraucht wie hier. Tony sollte einsehen, daß man nicht von ihm erwarten konnte, lange hierzubleiben.

Ich versuchte, ihr das vorsichtig zu erklären, aber sie brauste sofort auf.

»Ich weiß, daß sich Oliver nur für sechs Monate festgelegt hat, aber er wird so lange bleiben, wie er gebraucht wird. Er weiß, daß es in der Stadt einige Ärzte und Krankenhäuser gibt. Hier gibt es nichts. Hier wird er am meisten gebraucht, und er ist kein Mensch, der seiner Pflicht den Rücken kehrt.«

Ich hätte sie am liebsten durchgeschüttelt, aber sie konnte mir mit ihren Illusionen nur sehr leid tun. Ich hatte auch Mitleid mit ihm, denn wenn er sie wirklich liebte, war es am besten, ihr so schnell wie möglich von seinen Plänen zu erzählen. Dann würde sie wach werden und herausfinden, ob sie wirklich den Mann liebte und nicht nur den Beruf. Es war nicht meine Sache, mich einzumischen, aber ich wünschte ihnen beiden, daß das Erwachen bald kommen würde.

Inzwischen begeisterte sich der Bezirk für seinen Doktor. Sie mochten ihn sehr gerne, fanden ihn freundlich und geduldig; bereit, lange und anstrengende Fahrten zu unternehmen, statt darauf zu bestehen, daß sehr kranke Patienten zu ihm gebracht wurden; er war geschickt und gutherzig. Es zeigte sich kein Wölkchen am Himmel, und Tony badete im reinen Sonnenschein.

Das Leben ging weiter wie immer. Der Winter begann früh, und das Wetter wurde rauh und kalt. Bei den niedrigen Preisen konnten sich unsere Männer kein Personal leisten, und so sahen Larry und ich wie früher nach den Schafen. Kurz gesagt, wir wurden bereitwillig unbezahlte Schafhirten. Es machte uns nichts aus, die Kinder gingen alle zur Schule, und Larry hatte das Glück, daß Tante Kate noch bei ihr war. Sie hatte gemeint, sie wolle die ›Gastfreundschaft nicht ausnutzen‹ und ihr ›eigenes Leben beginnen‹, aber es war uns gelungen, sie davon zu überzeugen, daß sie uns nicht nur Freude machte, sondern eine echte Hilfe war. Wenn Larry den ganzen Tag außer Hause verbringen mußte, sorgte Miss Fletcher für alles. War ich weg, wenn die Kinder aus der Schule kamen, gingen sie alle zu Larrys Haus, und sie nahm sie auf. Noch wichtiger war, daß wir hinterher nie ein unzufriedenes Wort von ihnen oder eine Klage von ihr hörten. Larry verkündete, sie habe noch nie so gute Zeiten gehabt.

»Ich weiß nicht, ob sie gut sind«, wandte ich ein. »Stundenlang über nasse Hügel reiten und nach hungrigen Schafen sehen, das ist nicht so einfach.«

»Viel einfacher, als zu Hause zu bleiben und für meinen Mann ein schmackhaftes Mittagessen zu kochen«, antwortete sie fröhlich und beugte ihren Kopf über den Hals ihres Pferdes, um sich vor dem rauhen Südwind zu schützen. »Herrlich, uns nicht um unsere Sprößlinge kümmern zu müssen, wenn sie von der Schule nach Hause kommen. Tante Kate ist eine viel bessere Mutter als ich und genauso gut wie du, Susan, auch wenn du das nicht gerne von mir hörst.«

Das gab ich bereitwillig zu. Miss Fletcher hatte irgendeine besondere Gewalt über Kinder, die für uns unsichtbar war. Bei ihr waren unsere Kinder glücklich und ziemlich brav, ohne daß es große Mühe kostete, und sie liebten sie und vertrauten ihr. Darüber waren wir besonders froh, denn gerade jetzt waren Christina und Christopher ziemlich schwierig und streitsüchtig. ›Nur eine Phase‹, dachten wir hoffnungsvoll und dankten dem Himmel für Tante Kate.

So machten wir jeden Morgen schnell unsere Arbeit, stiegen auf unsere erfahrenen Pferde und ritten über die Farm. Wir kümmerten uns um die leichteren Weiden, während die Männer die hinteren versorgten. An das Reiten waren wir gewöhnt, doch stiegen wir am Ende eines langen Vormittags ziemlich steif aus dem Sattel und bestätigten uns, daß wir uns bestimmt so alt fühlten, wie wir waren.

Wie üblich protestierten die Männer dagegen, allerdings nicht immer sehr taktvoll.

»Scheußliches Wetter für Euch. Ich komme schon allein zurecht.« Das war natürlich eine Herausforderung, auf die wir uns nicht einmal die Mühe machten zu antworten, obwohl ich mich oft fragte, was wohl passiert wäre, wenn ich sanft gesagt hätte: »Bist du sicher, mein Liebling? Dann ist es einmal schön, zu Hause bleiben zu können.«

Aber wir taten es nicht, denn sie arbeiteten so hart, wie sie konnten, und wir wurden auf der Farm wieder einmal gebraucht. Das war gar kein schlechtes Gefühl.

Paul sagte normalerweise: »Das ist kein Tag für dich, um auszureiten. Ich werde früher anfangen und schon 'rumkommen. Es war anders, als . . .«, dann hielt er inne und guckte mich verlegen an.

Sam machte dieselben Bemerkungen. Larry erzählte mir, daß er ihr eines Tages, als sie todmüde nach Hause kam, gesagt habe: »Lieber Himmel, Mädchen, für solche Dinge bist du nicht mehr geschaffen. Du solltest es lassen«; als sie ihn dann anfuhr: »Sei nicht albern, mir macht es Spaß, und ich habe es in der guten alten Zeit, wie du es nennst, immer gemacht«, begann er: »Aber damals war es anders. Du warst jung . . .« Und dann verbesserte er sich schnell: »Ich meine, wir waren alle jünger, und obwohl du keinen Tag älter aussiehst, darf ich nie vergessen . . .«, dann gab er es auf.

Dann erlöste ihn Larry von seinen Qualen, indem sie in Gelächter ausbrach und ihm sagte, er solle schnell eine Tasse Tee aufgießen. Zu mir sagte sie: »Ich wußte, daß ich wie ein häßliches altes Weib aussah, aber daß die Männer ganz unbeabsichtigt auch noch darauf herumreiten.«

Sie war immer schön und konnte niemals wie ein häßliches altes Weib aussehen, ich ja, und es war oft genug der Fall.

»Du hast natürlich Tante Kate«, erinnerte ich sie, und dann machte ich sie damit völlig wahnsinnig, daß ich sanft ein kleines Lied sang: »Denk täglich an dein Glück und vergiß es nie.« Ich hatte jedoch Tony. Die meisten Mädchen wären froh gewesen, sich ausruhen zu können, wenn sie am Wochenende nach Hause kamen, aber Tony machte einfach weiter. Im Haushalt war sie nicht so gut wie Tante Kate, aber sie hatte für alle möglichen Dinge Geschick und bestand oft darauf, daß ich zu Hause blieb, während sie genauso tüchtig die Schafe versorgte wie ich.

Sie war mir jederzeit eine Freude und ein Trost, aber ganz

besonders in diesem öden Winter, als Futter und Geld knapp waren und die Kinder zur wahren Plage wurden.

»Nächstes Jahr seid ihr sie doch los«, versuchten unsere Männer uns ungeschickt aufzumuntern, und wenn wir sagten, daß es dadurch nur noch schlimmer würde, meinten sie, Frauen seien einfach unlogische Wesen.

»Tony werde ich auch nicht für immer haben«, sagte ich eines Abends traurig und ganz besonders vertraulich zu Paul. Ich jammere normalerweise nicht, aber der Tag war sehr hart gewesen, mein Rücken tat weh, und soeben hatte ich die Aufstellung der Kleider bekommen, die Christopher nächstes Jahr im Internat brauchen würde.

»Du wirst Tony nicht für immer haben? Was meinst du damit? Sie ist doch hier völlig glücklich, oder nicht?«

»Doch, das ist ja das Schlimme. Aber sie wird nicht für immer hier bleiben, zumindest nicht, wenn sie Oliver Barrett heiratet.«

Männer sind so teilnahmslos, daß ich kaum glaube, daß Paul je über das nachgedacht hatte, was für den halben Bezirk augenfällig war. »Diesen komischen Vogel heiraten?« fuhr er etwas ungerecht fort. »Das würde Tony nie machen. Er ist ein guter Kerl, aber nicht ihr Typ. Er wird eine gute Stadtpraxis bekommen und weit wegziehen, aber nicht mit Tony.«

»Mag sein, aber gegenwärtig ist er ein edler Held – ein Hinterlandarzt, und er braucht eine Schulter, wo er sich anlehnen kann. Tony ist begeistert, eben diese Schulter einem jungen Mann zu bieten, der sich für ihr Hinterland aufopfert . . . Oh, oft wünsche ich, Tony würde aufwachen und die Realitäten erkennen und sehen, daß es massenhaft andere Orte gibt, wo man genauso gut leben kann wie hier . . . Nur weil wir hier glücklich sind, meint sie, das Hinterland sei die einzige Heimat der Helden.«

»Komisch, gerade eben hast du dich noch beklagt, daß sie nicht immer hier bleiben wird. Jetzt findest du es schade, daß sie so viel von diesem Ort hält. Wirklich, Susan, du hörst jetzt besser auf zu reden und schläfst. Du bist übermüdet, ich sage dir immer wieder, daß du dich überforderst«, der Rest der Rede war das Übliche.

Natürlich wußte ich, daß ich unlogisch war, das hielt mich jedoch nicht davon ab, mir über Dr. Barrett Sorgen zu machen, aber vielleicht war es ein Glück, daß wir zuviel zu tun hatten, um uns über irgend etwas den Kopf zu zerbrechen. Es war ein besonders schlimmer Winter, und wir hatten zuviel Vieh, ein Fehler, den unsere Männer in der Regel nicht machten. Aber die Umstände hatten sich gegen sie verschworen, die üblichen Schwierigkeiten beim Transport der Schafe ins Kühlhaus wegen der endlosen Streiks, die niedrigen Preise, welche die Farmer veranlaßten, zum Ausgleich einen größeren Viehbestand zu halten. Das Futter war knapp, und das bedeutete viel Arbeit, das mühsame Aufziehen der schwachen Tiere, ständiger Wechsel der Weiden und aufmerksames Beobachten von Schafen und Rindern. Jeden Morgen machte ich hastig meine Hausarbeit und ritt mit meinem Pferd hinaus.

Natürlich litt das Haus darunter, und es schien mir, als tauche immer gerade dann jemand auf der Schwelle auf, wenn ich nach einer besonderen Krise auf der Farm – ein Tier im Morast, ein gebärendes Mutterschaf, das mit seinen Lämmchen geholt werden mußte – zu meinem vernachlässigten Haus zurückkehrte. Ein oder zweimal hat es mich schlimm erwischt, denn die Viehhändler haben die Angewohnheit, ihre Kunden besonders eifrig im Winter zu besuchen, wenn sie nichts anderes zu tun haben. Die Männer machten mir nicht soviel aus; sie waren viel zu sehr damit beschäftigt, unheilvoll von fallenden Preisen und streikenden Kühlarbeitern zu sprechen, als daß sie dem bis zum Rand mit schmutzigem Geschirr gefüllten Spülstein irgendwelche Aufmerksamkeit geschenkt hätten; aber manchmal brachten sie ihre Frauen mit, und dann schienen sie mich immer im schlimmsten Rummel zu erwischen.

»Warum gehst du ihnen nicht aus dem Weg?« riet Larry. »Ich bin in einer glücklichen Lage, denn die alte Kate sorgt für alles, und trotzdem verstecke ich mich manchmal, wenn ein Auto ankommt und ich schmutzig und müde bin und nicht gestört werden will. Das Badezimmer ist der beste Ort. Kate mißbilligt das zwar, aber sie hilft mir.«

Ich hatte keinen, der mir half, und so sammelte ich einige demütige Erfahrungen. Am schlimmsten war es an einem nassen Tag, als es schon eine Woche lang regnete und fast der gesamte Inhalt meines Kleiderschranks in der letzten Wäsche gewesen war und nun feucht auf der Leine hing. Ich war in ein leeres Haus zurückgekehrt, hatte die ungeputzten Böden und die Asche des vergangenen Abends verzweifelt angesehen, mir ein höchst eigenartiges Kleidungsstück übergezogen und wollte nun meine nassen Reithosen auf die Leine hängen. Diesen Lumpen hatte ich ganz hinten in meinem Kleiderschrank gefunden, wo er bestimmt seit meiner Hochzeit gehangen hatte, denn der Rock reichte mir fast bis zum Knöchel, und die Jacke war bis über die Taille eingelaufen. Es war egal; niemand war da, nicht einmal Paul. Ich hängte gerade meine nassen Sachen auf, als ich ein Auto unsere Straße hinauffahren hörte. Es blieb keine Zeit mehr, um ins Haus zu flüchten, so stürzte ich mich in ein Loch in der Hecke, die den Trockenplatz vom Hinterhof trennt. Das Auto fuhr zur Vorderfront des Hauses, und durch die Zweige sah ich, daß zwei Personen darin saßen, eine davon war eine gutangezogene junge Dame. Ich blieb eine Weile auf der Lauer, dankbar, daß die Besucher den hervorragenden Einfall hatten, nur an der Vordertür zu klopfen. Mit etwas Glück konnte ich mich über den hinteren Rasen schleichen und ins Badezimmer gelangen, das eine Außentür besaß.

Die Hecke war stachelig und ungemütlich, so beschloß ich, es zu wagen, kämpfte mich leise durch die Zweige, wurde herausgeschleudert, stolperte und landete genau vor den Füßen meiner Besucher, die sich entschlossen hatten, es mit der Hintertür zu versuchen. Sie hatten offensichtlich mein Pferd auf der Weide und das Auto in der Garage gesehen und wollten meine Ankunft abwarten.

Nun ja, ich war angekommen, aber nicht gerade so, wie sie es erwartet hatten. Sie sahen äußerst erstaunt aus, und ich muß einen blödsinnigen Eindruck gemacht haben, als ich etwas von einem Hühnernest in der Hecke murmelte. Sie hielten mich offensichtlich für übergeschnappt, beschlossen aber doch, der Gefahr zu begegnen und mir ins Haus zu folgen. Ich hob meinen langen Rock an, ging voran in die schmutzige Küche und erzählte etwas von einer Tasse Tee. Der junge Viehhändler, den ich nie besonders gerne gemocht hatte, versuchte, seine Belustigung über mein Aussehen zu verbergen, und seine neue Braut sah äußerst erstaunt aus. Er sagte, er habe sie mitgebracht, damit sie seine Lieblingskunden kennenlerne, und ich konnte spüren, daß sie von seinem Geschmack nicht viel hielt.

Es war alles sehr unangenehm und, wie es meine Gewohnheit war, wenn ich verlegen wurde, redete ich zuviel und zu schnell. Aber ich bot ihnen Tee und Kekse an, mehr hatte ich nicht im Haus; ungeschickt versuchte ich, mein ungewöhnliches Aussehen zu erklären, indem ich auf die Wäscheleine deutete, sagte, daß ich klatschnaß vom Schafehüten zurückgekommen sei und das erste, was ich finden konnte, angezogen habe. Die junge Frau, die sehr elegant gekleidet war, sah verwirrt aus und fragte sich offensichtlich, wie man solche Kleidungsstücke überhaupt besitzen konnte; sie brachte aber nur heraus: »Was für ein interessantes Abenteuer!« Ich stimmte ihr zu. Als sie gegangen waren, rief ich Larry an und sagte wütend: »Erzähl mir nicht noch mal, ich solle mich vor jemandem verstecken. Man wird immer dabei ertappt, und man fühlt sich idiotisch.«

Sie lachte nur ohne Mitgefühl und sagte: »Ich erinnere mich an diesen Rock. Das Gesicht hätte ich gerne gesehen!«

So war ich hocherfreut, als ich einige Tage später hörte, daß auch Larry überrascht worden war. Es wäre natürlich nicht passiert, wenn Tante Kate dagewesen wäre, aber sie war für zwei Nächte zu Anne gefahren, denn Tim mußte einen Kauf abschließen, und Anne war seit Gerards Geburt nicht sehr gesund gewesen. Larry sagte: »Natürlich war es verrückt von mir, so ein Risiko einzugehen, aber ich war in derselben Situation wie du – nichts Trockenes mehr zum Anziehen, ich hätte erst suchen müssen, und ich wollte unbedingt diese schrecklichen nassen Sachen loswerden. Es war noch viel schlimmer als bei dir. Du hast vielleicht altmodisch ausgesehen, aber wenigstens anständig, aber ich habe einfach meine Reithosen und die Jacke ausgezogen und wollte sie auf die hintere Veranda werfen. Nur 'raus aus dem Haus, denn ich hatte ein schrecklich stinkendes Mutterschaf bearbeitet.«

»Und was ist passiert?«

»Ich warf sie hinaus, und sie haben beinahe Mr. Kirk getroffen, der eben die Veranda betreten hatte. Erinnerst du dich an Kirk, dem wir in der Stadt begegnet sind?«

»Ja, diese ziemlich vornehmen Leute in dem Motel. Du hast ihnen das Versprechen abgenommen, daß Sie dich besuchen, wenn sie vorbeikommen – und das haben sie getan.«

»Ich schwöre dir, daß ich das nicht noch einmal tue. Es war schrecklich. Ich packte das nächste Kleidungsstück, das im Vorraum hing. Es war zufällig Sams Mantel und reichte mir bis zum Knöchel. Du mußt mit mir verglichen wie ein Mannequin ausgesehen haben. Sie waren schrecklich nett und versuchten, sich so zu verhalten, als seien halbangezogene Frauen, die mit schmutzigen Kleidern nach ihnen werfen, das Alltäglichste von der Welt. Mrs. Kirk hatte ein herrliches Tweedkostüm an und einen Reisemantel, und wir bemühten uns alle eifrig, die Situation zu überbrücken, bis ich mich davonstehlen und ein anständiges Kleidungsstück anziehen konnte. Ich habe schrecklich überschwenglich geredet, als ich mich zurückzog und sie erst in die Küche, wo der Spülstein mit Frühstücksgeschirr gefüllt war, und dann ins Wohnzimmer brachte. Dort konnten sie sich die

Asche im Kamin betrachten, während ich den ganzen Schrank nach etwas Anziehbarem durchsuchte. Dann habe ich es noch fertiggebracht, Mrs. Kirks lieben Vorschlag, mir beim Teeaufgießen zu helfen, abzulehnen, und ich bemühte mich, nicht mit den leeren Büchsen zu klappern, als ich etwas zu essen suchte.«

»Hast du etwas gefunden?«

»Ja, denn Tante Kate hatte vor ihrer Abreise gebacken, und uns war keine Zeit geblieben, alles zu verschlingen, und der Kaffee war gut.«

»Und du warst natürlich sehr unterhaltsam?«

»Ich habe mein Bestes getan, während ich krampfhaft überlegte, was wir zum Mittagessen hatten, falls sie blieben. Keine Konserven, nur ein mageres Stück Hammel. Ich hatte mich gerade für Tonys Bauernomelette entschlossen, als sie sagten, sie könnten nicht länger bleiben. Natürlich redete ich vor lauter Erleichterung viel zuviel, und nun kommen sie auf dem Rückweg wieder.«

»Das geschieht dir recht. Inzwischen werden sie sich über diese Geschichte köstlich amüsieren«, sagte ich gehässig.

Die göttliche Vergeltung mußte mitgehört haben, denn schon am nächsten Tag klingelte das Telefon, und ich vernahm die gebildete Stimme von Pauls Schwester Claudia, die aus Auckland anrief. Ich wähnte sie in sicherer Entfernung in Melbourne und war entsetzt, als sie sagte: »Wir sind gestern zu dem Kongreß eingetroffen ... Was, du weißt nichts davon? Susan, ich glaube, du liest überhaupt keine Zeitung ... Ja, ich würde euch gerne einen kurzen Besuch abstatten.«

Was nannte sie einen »kurzen« Besuch? Ich hoffte, es würden drei Tage sein oder weniger. Schrecklich war nur, daß sie am nächsten Tag ankam.

Paul war nicht zu Hause, aber ich rief Tony im Supermarkt an, und sie war genauso entsetzt wie ich.

»Oh, Susan, und dazu ist es noch ein Wochenende. Ich habe keine plausible Ausrede, daß ich nicht kommen kann.«

»Das glaube ich auch nicht. Natürlich wirst du kommen. Es ist schließlich deine Mutter.«

»Nun reite nicht darauf herum. Du weißt, wir verstehen uns nicht. Sie hält so wenig von mir.«

»Unsinn. Auf jeden Fall mußt du kommen. Sie hat einen Wagen gemietet, fährt morgen selbst hierher und kommt um die Mittagszeit an. Kannst du rechtzeitig da sein, um mir beim Aufräumen dieses unmöglichen Hauses zu helfen? Ich war all die Tage draußen, und hier sieht es aus wie in einem Schweinestall.«

»Mein Schatz, mach dir keine Sorgen. Es wird schon nicht wie in einem Schweinestall aussehen. Das stimmt doch gar nicht.«

»Rede keinen Unsinn. Komm lieber nach Hause, und mach dich an die Arbeit.«

»Ich komme. Ich stehe früh auf, um acht Uhr bin ich da.«

Da sie geritten kam, hieß das, daß sie sich aufmachen mußte, sobald es hell wurde. Aber ich wußte, daß ich mich auf sie verlassen konnte. Ich rief Larry kurz an.

»Ich habe keine Zeit, mich lange zu unterhalten. Aber da wir vom Überraschtwerden sprechen, Claudia kommt morgen.«

»Ach Du großer Gott, wie schrecklich. Ich dachte, Alister Smale sollte bald nach Neuseeland kommen und ein oder zwei Tage bleiben, bevor sie auf ihre Reise gehen?«

»Stimmt auch, ist aber Gott sei Dank noch nicht so weit. Ich habe Alister ja gern. Er ist so angenehm. Aber Claudia ist schrecklich pingelig, und sie argumentiert mit Paul und streitet sich mit Tony.«

»Was für ein herrlicher Gast! Würde es dir nicht helfen, wenn ich an einem Nachmittag 'rüberkäme?«

»Bloß nicht. Du würdest sie nie mögen und wahrscheinlich alles noch schlimmer machen.«

»Vielen Dank für das Kompliment an meinen gesellschaftlichen Schliff. Na ja, soll ich 'rüberkommen, um die Fenster zu putzen? Morgen früh könnte ich mich für ein paar Stunden freimachen, und bei den Fenstern kommt es auf gesellschaftliches Geschick nicht an, nur auf Armschmalz.«

»Das könnte meinen Fenstern nicht schaden. Aber nein, du hast soviel zu tun. Tony und ich werden schon zurechtkommen, und ich hoffe, daß es regnet. Dann sind die Fenster egal.«

Aber natürlich kam sie, kurz nach Tony. Wir arbeiteten in verbissenem Schweigen. Larry putzte die Fenster und saugte Staub, fand einige Blumen und machte Claudias Bett, das mit der ganzen Bügelwäsche zugedeckt war, die auf eine freie Stunde wartete. Noch mehr Bügelwäsche entdeckte Tony in Claudias Schrank und machte sich damit an die Arbeit, wischte Staub und verrichtete endlose kleine Dinge. Ich backte einen Kuchen und ein bißchen Teegebäck, bereitete ein anständiges Mittagessen vor und putzte das Silber. Als Paul nach Hause kam, lachte er, weil er drei Frauen arbeitend in andächtigem Schweigen vorfand, aber er freute sich nicht auf den Besuch seiner Schwester. Sie hatten nur wenig gemeinsam. Sie verachtete unsere Lebensweise und neigte dazu, Farmer gönnerhaft zu behandeln, und Paul hatte die alberne Vorstellung, daß ihr Professor zwangsläufig so sein mußte wie in manchen lustigen Geschichten, ziemlich überkandidelt. Das war alles ganz lächerlich, aber es brachte keine Harmonie in die Familie.

»Gut, daß der Professor nicht kommt«, sagte er. »Er würde sich wie ein Fisch auf dem Trockenen fühlen.«

»Du kennst ihn doch gar nicht«, fuhr ich ihn an. »Vielleicht ist er ein phantastischer Mensch.«

»Ich kenne ihn«, sagte Tony, die mit den gebügelten Kopfkissen gerade hereinkam. »Und Paul hat recht. Viele Professoren würden sich anpassen, aber nicht Macgregor Maclean. Er lebt nur in seiner eigenen Welt. Ich sage ja nicht, daß kluge Leute nicht nett sein können. Oliver ist klug, aber er läßt mich nie spüren, daß ich dumm bin.«

Oliver und Tony duzten sich nun also, wahrscheinlich schon wochenlang. Ich sagte nicht, daß sie wohl kaum miteinander zu vergleichen waren, oder daß ein Mann ein Mädchen nicht spüren läßt, daß sie dumm ist, wenn er sich gerade in sie verliebt hat. Ich sagte nur bewundernd: »Er ist eben ein kluger Mensch, der in Ordnung ist.«

Meine Schwägerin kam pünktlich an, und ich zwang Paul, zu ihrer Begrüßung zu Hause zu bleiben. Sie sah sehr gut aus, und ich mußte zugeben, daß Tony einiges von ihrer Schönheit ihrer Mutter verdankte. Aber die Haarfarbe hatte sie von ihrem Vater, und vielleicht war es ihre Gesichtsform und ihr rotbraunes Haar, das Claudia an ihren einen großen Fehler erinnerte und die Kluft zwischen ihnen vertiefte. Dazu kam die Tatsache, daß Tony ganz unverhohlen ihren Vater anbetete, und er sich jetzt, wo sie zu einer schönen jungen Frau herangewachsen war, um sie kümmerte und gern mit ihr zusammen war.

In ihrem Schlafzimmer sagte Mrs. Maclean mit herablassender Freundlichkeit zu mir: »Susan, du hast wirklich etwas aus dem Kind gemacht. Jetzt kann man sie vorzeigen, und gesellschaftlich hat sie unsagbare Fortschritte gemacht. Ich kann mir gar nicht vorstellen, wie dir das an einem Ort wie diesem gelungen ist.«

Unglücklicherweise hörte Paul das, als er mit ihrem Koffer hereinkam. Es war nicht erstaunlich, daß er daraufhin sagte: »Heb' was vom Mittagessen für mich auf Susan. Ich muß erst noch nach einigen Schafen sehen.«

Kein sehr verheißungsvoller Anfang.

4

Wie gewöhnlich stießen Tony und ihre Mutter fast sofort zusammen. »Schade, daß du dieses moderne Zeug mitmachst und deine Haare so wild 'rumhängen läßt. Ich mag lieber eine ordentliche Frisur.«

»Ja?« sagte Tony etwas zu süßlich. »Die moderne Jugend ist nicht deiner Meinung. Ich trage mein Haar wie die meisten meiner Freundinnen, außer auf Partys, dann stecke ich sie hoch wie eine viktorianische Jungfrau.«

»Du hattest so schönes Haar. So lockig. Jetzt ist es glatt und viel zu lang.«

Völlig offen gab Tony zu, daß sie ihr Haar hatte entkrausen lassen und fügte unverzeihlich hinzu: »Das habe ich gemacht, als ich mit Vater auf Reisen war. Ich bin zu einem guten Friseur gegangen, und er hat es gemacht. Vater war erst nicht so sehr dafür, aber jetzt findet er es gut. Er ist natürlich sehr modern.«

»Da bin ich absolut sicher«, erwiderte Claudia schnippisch. »Das war er immer.«

Ich war böse mit Tony, denn von Alister wurde in Gegenwart seiner früheren Frau nie gesprochen. Er hatte sich sehr schlecht benommen, und sie hatte sich scheiden lassen. Jetzt wollte sie ihn nur noch vergessen. Es war keine von diesen vernünftigen, gütlichen Scheidungen gewesen: Claudia war sehr verbittert, und sie trafen sich nie. Es war albern von Tony, mit ihrer Mutter einfach von ihm zu sprechen.

Jetzt rächte sie sich und fragte: »Zu welcher Karriere hast du dich entschlossen, Antonia?« Claudia hatte sich immer gegen die Abkürzung gewehrt, und das Mädchen war erstaunt über einen Namen, den sie so lange nicht gehört hatte.

»Karriere?« wiederholte sie langsam. »Was für eine Karriere? Ich habe einen Job, wie du weißt. Ich führe den Supermarkt für Miss Adams.«

»Das kann man wohl kaum als Karriere bezeichnen.«

Und im Handumdrehen waren sie mittendrin. Unglücklicherweise war Paul nicht da, es konnte also keiner eingreifen. Tony sagte leidenschaftlich, daß sie ihr Leben liebe, daß es interessant sei und sie immer bei Paul und Susan bleiben wolle. »Außerdem willst du mich zu Hause auch gar nicht haben, Mutter. Den Professor langweile ich, und ich komme mit Robert nicht aus. Hier passe ich besser hin. Sie wollen mich.«

»Das mag schon sein, aber du bist deiner Mutter von Zeit zu Zeit einen Besuch schuldig.«

Tonys Stimme klang verbittert. »Warum? Beginnen deine Freunde zu sagen, daß es eigenartig ist, wenn deine kleine Tochter dich nicht besucht? Schrecklich für dich. Du hast immer Angst vor Klatsch gehabt, und jetzt bist du die Frau eines Professors, da muß das peinlich sein.«

Paul kam gerade rechtzeitig herein, um diesen letzten Ausbruch zu hören, und er sagte scharf: »Halt an dich, Tony. So darfst du nicht mit deiner Mutter sprechen. Sei still, Kind!«

Sie gab nach, aber der Schaden war schon angerichtet. Etwas Wahres war an ihrer Bemerkung wohl dran. Claudia haßte Klatsch, und eine Scheidung und die Abwesenheit ihrer Tochter machten ihren Stand bestimmt nicht leichter. Aber es war alles sehr unangenehm, und ich war dankbar zu hören, daß Claudia nur zwei Tage für uns Zeit hatte.

»Wirkt Antonia eigentlich auf Männer?« fragte sie mich, als wir allein waren. Zum ersten Male sah ich einen Anflug weiblicher Schwäche in meiner schrecklichen Schwägerin, und das gefiel mir eigentlich ganz gut an ihr.

»Sie hat eine unheimliche Wirkung auf Männer. Und außerdem hat sich dieser Bezirk in den letzten paar Jahren verändert, Claudia. Er hat wirklich gewonnen, und es sind jetzt viele junge Farmer in der Gegend.«

»Oh, Farmer . . .?« Ihre Stimme zeigte deutlich, daß sie von Farmern nicht viel hielt, und ich war froh, daß Paul sie nicht hören konnte. Mehr als einen Zusammenstoß am Tag konnte ich nicht ertragen. »Und wir haben einen sehr ansehnlichen jungen Arzt hier«, fügte ich hinzu und fühlte mich gleich als Verräter, denn niemand wollte den jungen Arzt weniger als ich an Tonys Seite sehen.

Claudia horchte sichtlich auf »Ein Arzt?« Dann etwas enttäuscht: »Wahrscheinlich so ein Feld-, Wald- und Wiesenarzt. Kein Mann mit Fähigkeiten oder Ehrgeiz würde sich hier vergraben.«

Das konnte ich nicht hinnehmen. »Ich glaube, Dr. Barrett weiß, wie nötig Ärzte auf dem Lande gebraucht werden. Das heißt, eigentlich überall, aber im Hinterland ganz besonders. Hier sind Menschen gestorben, weil es an ärztlicher Hilfe fehlte. Aber er ist sehr fähig, und ich glaube nicht, daß er sich für immer damit zufriedengeben wird«, und dann wurde mir bewußt, daß, wenn er Tony heiratete, das alberne kleine Mädchen genau das wollen würde – einen Landarzt, der sich für die Menschen aufopferte, dem weder Schwierigkeiten noch eine ausbleibende Beförderung etwas anhaben konnten. Wo würde sie ihn finden?

Claudia sah erleichtert aus und sagte freundlich: »Susan, du darfst nicht glauben, daß ich die Farmer unterschätze. Sie sind sehr nützlich, das Rückgrat des Landes und so weiter. Aber du mußt zugeben, daß es für eine Frau ein hartes Leben ist. Du und deine Freundin Larry, ihr habt alle möglichen schweren Zeiten durchgemacht, und du mußt dich oft nach einem leichteren Leben und nach einer ebenbürtigeren Gesellschaft gesehnt haben.«

Selbst wenn das gestimmt hätte, vor Claudia hätte ich es nie zugegeben, aber sie hatte es gut gemeint, darum sagte ich: »Es gibt Nachteile in jedem Leben, aber dieses gefällt Larry und mir, und wir lieben es. Ich glaube, Tony gefällt es auch. Mach dir keine Sorgen um sie, Claudia (als ob sie jemals eine so mütterliche Reue haben könnte!). Sie ist jetzt erwachsen, und sie begegnet allen möglichen Männern, wenn . . .«

Ich zögerte, und Claudia fuhr ruhig fort: »Wenn sie mit ihrem Vater reist. Ich bin sicher, da gibt es viel Abwechslung. Alister hatte immer den Geschmack eines Weltbürgers, aber das ist seine Sache ... Übrigens, Susan, ich habe so viel von deiner Freundin Larry gehört, und Tony scheint sie sehr zu mögen. Ich würde sie eigentlich gerne kennenlernen.«

Eine Begegnung von Larry und Claudia hatte ich immer gefürchtet, und ich sagte hastig: »Sie hat im Moment schrecklich viel zu tun – eine ältliche Kusine ist bei ihr zu Besuch.«

Womit ich sagte, daß Miss Fletcher kränklich war und nicht ein äußerst aktiver und hilfreicher Gast, aber nicht um alles in der Welt hätte ich Larry auf Claudia losgelassen.

Es waren zwei schwierige Tage, und mir taten sowohl Mutter als auch Tochter leid. Es mußte der Beweis für ein absolutes Scheitern sein, wenn das eigene Kind einen weder liebte noch wollte; was Tony betraf, so weckte der Gedanke, daß sie nie die Zärtlichkeit einer Mutter gekannt hatte, in mir noch stärker den Wunsch, sie zu beschützen. Schließlich mußte sich Claudia damit zufriedengeben, daß Tony sie kurz in Melbourne besuchen würde, »wenn ich einmal irgendwann nicht soviel zu tun habe«. Claudia nahm Tonys Arbeit und Miss Adams absolute Abhängigkeit von ihr als Entschuldigung hin, ohne zu sagen, was sie wohl gedacht haben mußte, daß es ihr jedoch zweimal im Jahr gelang, sich von ihren dringenden Pflichten zu lösen, um mit ihrem geliebten Vater vierzehn Tage lang auf Reisen zu gehen.

Abgesehen von Tonys herausfordernder Erwähnung Alisters und meiner einen taktlosen Bemerkung wurde sein Name nicht mehr erwähnt, und als Tony einen Luftpostbrief von ihm bekam, wurde er schnell vor ihrer Mutter versteckt. Als sie mit mir allein war, sagte sie mit einem unterdrückten Kichern: »Susan, so ein Glück, daß Mutter morgen nach dem Mittagessen wegfährt, denn Vater ist nun endgültig fällig. Er schreibt aus

Sydney, daß er in ein oder zwei Tagen hierher fliegt. Denk nur mal: Wie schrecklich, wenn sie sich treffen würden!«

»Unsinn«, sagte ich scharf, denn Tonys leichtfertige Auffassung über die Scheidung ihrer Eltern hatte mich schon immer geärgert. »Sie sind gebildete Menschen. Sie können sich treffen und höflich sein wie andere geschiedene Leute.«

»Aber das können sie nicht. Das ist es ja eben. Vater ist schon in Ordnung, aber irgend etwas an ihm scheint Mutter ganz verrückt zu machen. Sie sind einmal zusammengetroffen, kurz bevor Mutter den alten Macgregor heiratete, und es war eine reine Katastrophe. Mutter war so unhöflich, daß Vater auch seine gute Laune verlor, und es gab einen regelrechten Krach. Ich habe mich im Schlafzimmer versteckt.«

»Was für eine dumme Geschichte. Ich dachte, dein Vater wäre trotz seines roten Schopfes höflich, und Claudia ist immer sehr würdevoll. Außerdem fände ich es wirklich besser, du würdest deinen Stiefvater nicht Macgregor nennen. Es ist schlimm genug, einen solchen Namen zu haben, ohne daß ein freches Mädchen einen noch hinter dem Rücken so nennt. Übrigens, wie sprichst du ihn eigentlich an?«

»Na ja, da ich sein vornehmes Gesicht seit zwei Jahren nicht gesehen habe, spreche ich ihn überhaupt nicht an. Mutter wollte mich dazu bringen, ihn ›Vater‹ zu nennen, aber dafür war ich nicht zu haben. Ich nannte ihn Professor und schnitt Grimassen hinter seinem Rücken.«

»Was für ein dummes kleines Mädchen du doch warst. Du wirst dich schon bald zu einem Besuch bei ihnen aufraffen müssen. Es ist nicht richtig, daß du mit deinem Vater 'rumreist und deine Mutter nie besuchst.«

»Warum sollte ich? Ich weiß, ich habe gesagt, ich käme irgendwann, aber sie will mich eigentlich gar nicht. In diesem vornehmen Haushalt bin ich ein schrecklicher Klotz am Bein, und Robert kann ich nicht ausstehen.«

»Sprich nicht so von deinem Bruder«, schimpfte ich, aber innerlich hatte ich Mitleid mit einem Mädchen, das seine Mutter nicht liebte und sich mit ihrem einzigen Bruder nicht verstand. Kein Wunder, daß Tony, die von Natur aus warmherzig und liebevoll war, sich in unsere Arme geworfen und unser Leben so entschlossen angenommen hatte. Das war ein Fehler, aber daran war ihr Leben schuld. Sie fuhr gelassen fort: »Vermutlich muß ich eines Tages hingehen. Ich werde mit Vater darüber sprechen, denn er wird meine Flugkarte zahlen und drei Tage später einen Rückflug buchen müssen. Du brauchst mich gar nicht so anzusehen, Susan, denn du weißt genau, daß dein Herz eigentlich für dieses arme Ding, für dieses ungewollte Kind blutet.« Das kam der Wahrheit so unglücklich nahe, daß ich nur mitlachen konnte.

Als sie das Zimmer verließ, sagte sie plötzlich: »Was immer du tust, ich werde nicht zulassen, daß eure berühmte Hinterlandsgastfreundschaft mit dir durchgeht und du Mutter überredest, einen Tag länger zu bleiben. Du weißt, Vater steht plötzlich vor der Tür, und ich könnte es einfach nicht ertragen, wenn sie zusammentreffen würden.«

Das schien mir alles übertrieben dramatisch. Claudia und Alister waren beide hochgebildete und intelligente Menschen. Aber als ich Paul von Tonys übertriebener Auffassung erzählte, gab er ihr zu meinem Erstaunen recht.

»Ist schon besser, wenn sie sich nicht treffen. Alister hat mir von der letzten Begegnung erzählt. Eine äußerst unerfreuliche Szene. Natürlich lachte er darüber, aufgeregt hat er sich nur, weil Tony, als er sich von ihr verabschieden wollte, auf ihrem Bett lag, sich die Ohren zuhielt und in Tränen aufgelöst war. Das arme Kind, kein Wunder, daß sie nicht gerade begeistert ist. Wir wollen ganz sicher keine Szenen hier haben. Schlimm genug für Tony, daß sie Eltern hat, die einander hassen, ohne daß sie auch noch öffentlich Krach anfangen.«

Tony mochte Paul einen Querkopf nennen, aber in diesem Punkt stand er ganz auf ihrer Seite; Tante Kate auch. Als ich vorschlug, sie hin und her zu fahren, um Mrs. Maclean zu sehen, lehnte sie kurz aber scharf ab.

»Nein danke, Susan. Was ich über diese Frau höre, gefällt mir nicht, und vielleicht kann ich meinen Mund nicht halten, wenn wir uns treffen.«

»Sie ist ganz reizend, und natürlich würden wir Larry zu Hause lassen.«

»Ich finde es nicht gerade reizend, die eigene Tochter zu vernachlässigen.«

Damit war die Sache erledigt. Schade; Tante Kate hätte so einen guten Eindruck für uns machen können.

Pauls Worte hatten mich beeinflußt. Er regte sich nicht über Kleinigkeiten auf; wenn er meinte, das Paar solle sich nicht treffen, so hatte er gute Gründe dafür. So unternahm ich nichts, um meine Schwägerin zu überreden, als sie sagte, sie müsse am nächsten Tag nach dem Mittagessen abreisen. Bei dieser Zusicherung wurde Tony, die sich herabgelassen hatte, den freien Tag anzunehmen, den Miss Adams ihr anbot, plötzlich äußerst hilfsbereit, packte die Koffer ihrer Mutter und fuhr ganz eifrig schon vor dem Mittagessen ihren Wagen vor die Türe. Ich war dankbar dafür, obwohl ich fand, daß der scheidende Gast allzu offensichtlich gedrängt wurde.

Als wir gerade beim Mittagessen saßen, klingelte das Telefon und brachte mir wie so manches Mal eine sonderbare Vorahnung. Tony schien das auch zu spüren, denn sie lief schnell zum Apparat. Glücklicherweise befand sich das Telefon in der Halle, so gut wie außer Hörweite. Ich hörte nur ein unterdrücktes Lachen, als sie den Hörer abnahm; dann streckte sie ihr Bein aus und gab der Tür einen Schubs.

Ich wußte, daß etwas nicht stimmte, und als ich an ihr vorbei in die Küche ging, hörte ich sie sagen: »In einer Stunde ... Nicht früher ... Verdammt noch mal, hörst du mich nicht?« Das hieß, daß sich unsere schlimmsten Befürchtungen bewahrheiteten. Alister war auf dem Weg und hatte, unbesorgt wie immer, von unterwegs in irgendeinem Postamt angerufen – und natürlich mußte unsere Leitung gestört sein. Ich brachte eilig das Essen auf den Tisch und versuchte verzweifelt, Paul durch Zeichen die schlechte Nachricht zu übermitteln.

Aber er blieb gleichgültig und wurde plötzlich außergewöhnlich gesprächig. Offensichtlich hatte er Gewissensbisse, weil er seiner Schwester während ihres Besuches nicht mehr Zeit gewidmet hatte, denn zu meinem äußersten Entsetzen hörte ich, wie er vorschlug, sie solle mit ihm einen Spaziergang bis zur ersten Koppel machen, um seine kräftigen Schafe anzusehen ... Könnte ich ihn doch nur eine Minute lang allein sprechen! Meine und Tonys Blicke fanden sich, sie stand schnell auf und murmelte etwas von einer Gabel, die sie holen müsse. Aber ich wußte, daß sie nur ihr Lachen verbergen wollte, und plötzlich war ich auf alle wütend; wütend und teilnahmslos zugleich. Schließlich waren es nicht meine Verwandten, und wenn sie sich nicht begegnen und anständig benehmen konnten, sollten sie eben aufeinander losgehen; Paul, der Szenen haßte, konnte ja als Schiedsrichter auftreten. Er war an allem schuld, denn er hatte vorgeschlagen, daß Claudia, die sich für seine dummen Schafe überhaupt nicht interessierte, ihre Zeit an einen Rundgang verschwenden sollte. Die Farmer sind doch alle gleich, dachte ich. Wenn man nur von Schafen spricht, sind sie sofort entflammt. Paul, der über den Liebreiz seiner Frau und seiner Kinder hinwegsehen konnte, war entschlossen, mit seinen Schafen anzugeben, und Claudia war schrecklich gnädig, versicherte ihm, daß sie gerne einen kleinen Spaziergang mache und es nicht so fürchterlich eilig habe.

Tony war absolut keine Hilfe. Statt daß sie sich irgendeinen Grund ausdachte, um diese Verzögerung zu vermeiden, kämpfte sie mit unterdrücktem Lachen. Die Kinder waren nicht da, um für Ablenkung zu sorgen, denn es war Montag, und die Schule hatte wieder begonnen. Ich hatte sie an diesem Morgen gerne gehen sehen, denn irgend etwas stimmte mit ihnen nicht, und

Christopher hatte Patience mit seiner eigenen Ungezogenheit angesteckt. Es war ein Kampf, daß sie sich in Claudias Gegenwart anständig benahmen, denn sie war nicht gerade ein Kinderfreund, aber in diesem Augenblick wünschte ich, sie wären zu Hause.

Hinter ihrer hysterischen Belustigung entdeckte ich bei Tony echte Nervosität. Sobald das schrecklich langweilige Essen vorbei war, eilte sie in die Küche, und ich schloß die Tür hinter den plötzlich sich liebenden Geschwistern.

»Susan, schlimmer hätte es nicht kommen können! Vater ist auf dem Weg.«

»Nimm es nicht so tragisch. Warum hast du ihn nicht davon abgehalten?«

»Das habe ich versucht, aber die Verbindung war gestört, und er konnte mich nicht verstehen.«

»Dann müssen sie sich damit abfinden, daß sie sich treffen.«

»Aber du weißt ja gar nicht, wie das ist.« Jetzt war es mit ihrer Beherrschung vorbei und sie war nur noch ein armes kleines Mädchen. »Du kannst dir nicht vorstellen, wie es ist, wenn deine Eltern aussehen, als haßten sie einander, und sich schreckliche Dinge an den Kopf werfen«; jetzt war sie den Tränen nahe.

»Tony, sei nicht albern. Nimm dich zusammen. Irgendwie muß man ihn zurückhalten können. Warum nehmen wir nicht den Wagen und fangen ihn ab?«

»Das wollte ich versuchen, aber er konnte mich nicht hören, so weiß ich nicht, welche Straße er nimmt. Oh, ich darf gar nicht daran denken, wie der Arme glücklich dahinfährt und sich freut, uns alle wiederzusehen, und dann – Mutter.«

Ich sagte nicht, daß dieses Drama gar nicht nötig wäre, wenn sich der Arme etwas besser benommen hätte. Statt dessen schlug ich vor, Tony solle an die Ecke gehen und auf ihn warten. »Dann kann er den Wagen zum Wollschuppen fahren, und Claudia meint, er sei irgendein Vertreter, der etwas verkaufen will. Da kann er sich hinsetzen und warten, obwohl ich das absolut albern finde für zwei ...« Aber Tony hörte sich meine weisen Ratschläge nicht an; ohne ein weiteres Wort stürzte sie hinaus.

Inzwischen spielten Paul und Claudia die große Liebe zwischen Bruder und Schwester, was mich mehr beeindruckt hätte, wäre es etwas früher oder zu einem angemesseneren Zeitpunkt geschehen.

Langsam schlenderten sie zur Koppel, wo sich die Schafe befanden, unterhielten sich freundlich und sahen aus, als tauschten sie Vertraulichkeiten. Paul erzählte mir später, daß Claudia ihn über Mr. Barrett ausgefragt habe.

»Sie fragte nach seiner Ausbildung. Woher zum Teufel sollte ich das wissen? Und ob er ehrgeizig sei oder sich mit diesem gottverdammten Hinterland begnügen würde? Nein, ganz so hat sie nicht gefragt, aber das lag klar in ihrer Stimme.«

Das war die übliche Klage. Ich verstehe einfach nicht, warum unsere Männer, die sonst in allem so vernünftig und klug sind, empfindlich reagieren, weil manche Leute ihre Lebensweise nicht mögen.

»Hast du ihm denn ein glänzendes Zeugnis ausgestellt?«

»Wie konnte ich? Ich kenne den guten Mann doch kaum. Mir scheint er in Ordnung zu sein, und er ist sicher ganz wild nach Tony.«

Das von Paul zu hören, der nicht gerade unrealistisch ist, bestätigte meine eigenen Befürchtungen. »Und Tony?« fragte ich in der Hoffnung, er würde die Achseln zucken, aber das tat er nicht.

»Ganz bestimmt auch. Nicht, daß sie sich irgend etwas vergibt, aber sie ist ja auch nicht mehr das kleine Mädchen von vor einigen Jahren, das sich in einen Pfarrer verliebte. Sie hat ihre Erfahrungen gemacht. Aber ich glaube, sie stellt es sich herrlich vor, die Frau eines sich aufopfernden Menschen zu sein, der nichts weiter will, als im Hinterland zu helfen und den Menschen das Leben zu retten – und der kleine Dummkopf glaubt, ihn gefunden zu haben.«

Ich sagte ärgerlich: »Sie sollte einen Missionar heiraten – einen, der auf irgendeine Menschenfresserinsel gehen will.«

Aber all das geschah erst später, als wir uns von Claudias dramatischer Abreise erholt hatten.

Im Moment schienen Bruder und Schwester tief in den Anblick der Schafe versunken, von denen Claudia nichts verstand und sich auch nicht dafür interessierte. Zum Glück kehrten sie auf diese Weise der Straße den Rücken, so daß sie nicht merkten, wie ein Wagen um die Ecke kam und vor unserem Tor bremste. Tony hatte es geschafft. Ich war sicher, sie würden zum Wollschuppen fahren, wo sich Alister verstecken konnte, bis seine frühere Frau verschwunden war. Aber zu meinem Schrecken machten Paul und Claudia plötzlich kehrt und gingen auf den Wollschuppen zu. Dort war nun nicht nur eine Zuflucht unmöglich, sondern von diesem Punkt konnten sie auch herrlich das Haus überblicken.

Einen Augenblick lang schloß ich die Augen und betete, daß sie ihre Meinung ändern und zum Haus zurückkommen würden. Dann sah ich, was das schuldbewußte Paar zu tun gedachte. Alister hatte den Wagen gewendet und war in ein dichtes Gebüsch am Straßenrand gefahren. Dort wollte er offensichtlich auf der Lauer liegen, während Tony zurückkam, um sich anständig von ihrer Mutter zu verabschieden. Es bestand nur die Möglichkeit, daß Claudia Alister im Vorbeifahren erblickte; ich konnte nur hoffen, daß sie sich vernünftig benehmen, einen höflichen Gruß austauschen und jeder seiner Wege ziehen würde. Das könnten sie wirklich tun, und es wäre wirklich besser, als wenn Alister versuchte, ins Haus zu schleichen und dabei Gefahr zu laufen, daß Claudias Interesse für die Landwirtschaft plötzlich erlosch, sie sich umdrehte und ihn erblickte.

Aber genau das hatte der dumme Mann vor. Im nächsten

Moment sah ich entsetzt, wie Tony aus dem Wagen sprang, gefolgt von Alister. Sie überquerten beide tiefgebückt die Straße und schlichen langsam die Auffahrt hinauf, duckten sich hinter der Hecke und wurden nur allzu offensichtlich von albernem Gekicher geschüttelt. Soweit war ja alles gut, denn die Hecke war dick und hoch, aber sie hörte ein paar Meter vor der Veranda auf, und dann mußte ein freies Rasenstück überquert werden. Ich stand wie gelähmt da, während Tony schnell über den Rasen huschte und bei mir auf der Treppe landete. »Oh, guck mal. Ist er nicht unbezahlbar? Wie ein riesiger grauer Hund«, flüsterte sie liebevoll.

Ich sah die Sache anders. Ich war wütend, denn der dumme Alister kroch auf allen vieren über den Rasen, Paul und Claudia waren im Stall, konnten sich jeden Moment umdrehen und ihn erblicken.

Aber er kam durch. Als er die erste Stufe erreichte, warf er einen wilden Blick über seine Schulter, sprang auf die Füße und nahm die Treppe in zwei Sätzen. Genau in diesem Augenblick drehten sich die Geschwister um und begannen auf das Haus zuzukommen. Hinter mir hörte ich einen Knall, Alister schoß ohne ein Wort des Grußes oder der Entschuldigung in mein Schlafzimmer. Ich hatte keine Zeit, um dem erleichternden Lachkrampf nachzugeben, den ich kommen spürte, sondern ich ging auf meinen Gast zu, um ihn so schnell wie möglich zu verabschieden. Tony folgte mir mit roten Backen und glänzenden Augen, in denen hysterische Tränen standen. Als wir bei ihnen ankamen, hörte ich Claudias klagende Stimme.

»Weißt du, Paul, irgend etwas stimmt mit meinen Augen nicht. Ich muß einen Augenarzt aufsuchen, wenn ich nach Hause komme. Eben glaubte ich, einen grauen Hund auf eurem Rasen zu sehen, und er schien ins Haus zu verschwinden. Ist natürlich lächerlich. Du duldest doch keine Hunde im Haus, Susan?«

Ich murmelte: »Nein, normalerweise nicht, aber . . .« und

Tony schnitt mir schnell das Wort ab: »Der arme alte Rough hat alle Vorschriften mißachtet. Er hat sich vor irgend etwas erschreckt und ist direkt ins Haus geschossen.«

Ich warf ihr einen erschreckten und tadelnden Blick zu, aber sie guckte mich gütig und entschuldigend an. Claudia zuckte die Achseln und sagte: »Na ja, wenigstens kann ich bis zur Straße sehen. Da steht ein Auto mitten in den Bäumen. Wahrscheinlich ein Liebespaar, das um seinen Ruf völlig unbesorgt ist. Wirklich, so manche Leute ...« Tony sagte schnell: »Schrecklich, nicht wahr? ... Möchtest du, daß ich deinen Koffer 'rausbringe, Mutter?«

»Danke, Antonia, aber vielleicht sehe ich besser noch einmal nach, ob ich etwas vergessen habe. Ich finde es immer unzumutbar, vom Gastgeber zu erwarten, daß er einem die Sachen nachschickt.«

Ich freute mich bei dem Gedanken, daß auch Claudia etwas vergessen konnte, fuhr jedoch vor Schreck zusammen, als sie weitersprach: »Susan, ich habe meine Tasche doch nicht in dein Zimmer 'runtergebracht, oder? Ich habe mich kurz vor dem Essen mit dir unterhalten, und ich glaube, ich hatte sie in der Hand«, aber wieder griff Tony ein: »Nein, Mutter, sie steht hier auf dem Tisch in der Halle. Du bist nicht wie Susan, die ihre Sachen immer verstreut und sie dann verliert.« Das machte mich wütend, denn es war Tonys Angewohnheit und nicht meine. Ich bin nicht vergeßlich. Als ich das später zu Tony sagte, entschuldigte sie sich: »Ich weiß, mein Schatz, aber ich hätte alles getan, um sie aus dem Haus zu kriegen. Ich hatte Angst, Vater würde jeden Moment niesen, so mußte ich dich opfern.«

Schließlich verabschiedeten wir uns von ihr, und vor lauter Erleichterung redeten wir zuviel. Sogar Paul forderte sie herzlich auf wiederzukommen, und Tony wiederholte ihr Versprechen, sie bald zu besuchen. Wir winkten, bis sie um die Ecke bog, und dann sank ich erschöpft auf die Stufen, und Paul sagte kühl: »Ich vermute, das war Alister, der über den Rasen kroch. Wirklich, ich weiß nicht, was ihr als nächstes im Schilde führt.« Das war ausgesprochen ungerecht, wie ich ihm ziemlich entrüstet sagte.

»Ja, Paul, es war Vater. Er versteckt sich in eurem Schlafzimmer. Ich konnte ihn nicht zurückhalten, als er anrief, weil die Verbindung zusammengebrochen ist. Susan und ich, wir sind beinahe gestorben.«

»Ich war selbst nicht allzu glücklich. Dem Himmel sei Dank, daß Claudia zu eitel ist, um eine Brille zu tragen. Sie kann schon in fünf Meter Entfernung nichts mehr erkennen.«

Der einzig völlig ruhige Mensch war Alister, der auf meinem Bett saß und eine Zigarette rauchte. Er dankte mir gebührend für meine Hilfe, als wäre ich bei der ganzen Angelegenheit ein bereitwilliger Kumpel gewesen, aber ich sagte wütend: »Wie dumm du dich angestellt hast! Als ob sich zwei Menschen nach der Scheidung nicht freundschaftlich begegnen könnten! Ich hatte gedacht, du wärst ein Mann von Welt, Alister.«

Er lächelte mich liebevoll an. »Oh, ich zittere, wenn ich Claudia nur sehe.« Dann sagte er ernster: »Nein, es ist wegen des Kindes. Sie hat etwas dagegen, daß wir uns treffen – und du weißt, wie gut sie einen überreden kann.«

»Ich glaube, dir hat es trotzdem Spaß gemacht ... Wir wollen es vergessen ... Wie lange kannst du bleiben, und willst du Tony mitnehmen? Ich glaube, man könnte sie entbehren. Im Moment geht es ruhig zu, und sie hat Miranda sehr gut trainiert.«

»Gut. Erst würde ich gerne ein paar Tage mit euch zusammensein. Es ist eine ziemlich anstrengende Reise, und ich liebe das Hinterland.« Paul, der in diesem Augenblick hereinkam, sah versöhnlich aus, obwohl ihm nicht viel an Alister lag. Ich glaube, er empfand so etwas wie Familientreue, denn er hatte sich Claudia gegenüber schlecht benommen. Außerdem hatte Paul etwas gegen Charmeure, und Tonys Vater war mit Sicherheit einer. Ich glaube, Claudia war von allen Frauen sein einziger Fehlschlag.

Aber ich konnte Pauls leichte Verstimmung begreifen. Plötzlich hatte er die Verantwortung für seine junge Nichte bekommen, und jetzt mochte er sie insgeheim sehr gern. Ihr Vater, der seinen Pflichten ausgewichen war, tauchte nur von Zeit zu Zeit auf, voller Charme und guter Laune, um sich von seiner Tochter, die ihn anbetete, begeistert begrüßen zu lassen. Er bereitete ihr vierzehn herrliche Tage, die Paul ihr niemals bieten konnte, brachte sie dann zurück und reiste ab.

Als Paul mir das erklärte und hinzufügte: »Bei uns gibt es eben nichts besonderes«, sagte ich ihm, daß er absolut unrecht hatte. Er war ihr echter Hafen; ihr Vater sorgte nur für schöne Zwischenspiele.

5

Eines dieser Zwischenspiele war jetzt fällig, aber erst würde Alister ein paar Tage bei uns verbringen. Natürlich besuchte er Miss Adams, die er sehr gern mochte, und ebenso natürlich traf er dort Oliver Barrett.

Er kam nachdenklich nach Hause, und als wir allein waren, fragte er plötzlich: »Susan, was ist mit diesem Doktor?«

»Was soll mit ihm sein?«

»Guck nicht so teilnahmslos. Das paßt nicht zu dir. Was ist mit ihm und Tony? Wird sie ihn heiraten?«

Ich zuckte die Achseln und seufzte: »Ich weiß es nicht, Alister. Tony spricht nicht mehr über ihre Gefühle. Sie ist erwachsen geworden. Hast du ihn dort kennengelernt?«

»Natürlich. Er kam 'rein, als wir Tee tranken, und fragte, ob Tony ihm bei einem Kind helfen könnte, das eine Spritze brauchte. Die Mutter war hoffnungslos, und das Kind bekam hysterische Anfälle. Tony kann wohl gut mit Kindern umgehen.«

»Ja, das kann sie, und sie hilft dem Doktor ab und zu. Ihre Häuser liegen so nah beieinander, und er findet keine Schwester, die da draußen wohnen will.«

»Nun komm schon, Susan. Schließlich bin ich der Vater von dem Mädchen.«

»Von Zeit zu Zeit«, erwiderte ich gehässig, bekam dann aber Mitleid, weil er so nett und entschuldigend lächelte, und sagte: »Ich weiß es wirklich nicht. Ich glaube, Tony hat ihn lieb. Er ist nett. Und ich glaube, sie sieht sich selbst als Frau und Gehilfin eines Hinterlandarztes, der sich für die armen Farmer abrakkert.«

»Großer Gott, hat sie das noch immer nicht überwunden? Und ich höre an deiner Stimme, Susan, daß du nicht einverstanden bist, oder?«

»O doch, ich mag ihn als Arzt und als Bekannten sehr gern, aber vielleicht nicht für Tony. Aber ich darf nicht darüber entscheiden, und ich erwarte auch nicht, daß ich gefragt werde. Wir können nur abwarten.«

»Und den Daumen halten . . . Bleibt er lange hier?«

»Er hat sich nur für sechs Monate festgelegt, und da man hier in einer verzweifelten Lage war, hat man zugepackt. Aber nun ist er schon länger hier und von Weggehen wird nicht gesprochen.«

»Aber er will wohl nicht für immer bleiben.«

»Das glaube ich nicht, aber ich wünschte, er würde sich über seine Pläne auslassen. Er spricht nie davon, so sind wir eben weiterhin dankbar, daß wir auch nur für kurze Zeit einen Arzt haben. Du kannst dir nicht vorstellen, wie schwer es hier ist, eigentlich überall in Neuseeland.«

»Ich habe davon gelesen. Wenn ein Mann natürlich ehrgeizig ist und Erfahrungen sammeln will, geht er dorthin, wo das am besten möglich ist. Wahrscheinlich bleibt der Bursche gerade lange genug, um sich mit Tony zu verloben und dann eine bessere Praxis zu bekommen. Das kann man ihm nicht vorwerfen.«

»Tue ich auch nicht, wenn er es ihr nur ehrlich sagt, bevor er ihr einen Heiratsantrag macht.«

»Das Beste, was du tun kannst, ist, die Dinge aufzuhalten, solange es geht. Wenn sie sich verloben, und davon bin ich überzeugt, dann versuche, die Hochzeit zu verhindern, bis Tony einundzwanzig ist.«

»Meinst du nicht, das wäre deine Aufgabe?« schlug ich kühl vor. »Für Paul und mich ist es nicht gerade ein Vergnügen, den Hemmschuh zu spielen.«

»Ich will mein Bestes tun. Ich werde sie mit phantastischen Männern bekannt machen und versuchen, sie abzulenken. Aber denke daran, daß Claudia, zum Teufel mit ihr, Paul zu ihrem Vormund gemacht hat, solange sie hier ist. Er hat das letzte Wort, aber ich werde ihn unterstützen.« Damit mußte ich mich zufriedengeben.

Nachdem Alister sich vier Tage lang auf der Farm erholt hatte, reisten sie ab. Ich habe mich oft gefragt, ob er auf diesen Reisen seine Tochter als Hindernis oder als eine unerwünschte Anstandsdame empfand. Aber er benahm sich bestimmt anständig, solange sie bei ihm war, und mich ging es nichts an. Ich mochte ihn. Natürlich war mir klar, daß er Tony erst mitgenommen hatte, als sie eine sehr attraktive junge Frau geworden war, aber jetzt gab er ihr väterliche Liebe, auch wenn es nicht auf die übliche Art geschah. Bevor sie abfuhr, ging sie zu Peter Anstruthers Farm, obwohl ich vermutete, daß sie mehr das Fohlen sehen wollte als dessen Besitzer. Alister begleitete sie, und als er zurückkam, sagte er zu mir: »Der ist in Ordnung, dieser junge Mann. Eigentlich schade ...«

Wir wechselten beide schnell das Thema.

Dr. Barrett beklagte ganz offen Tonys Abwesenheit. Er rief

mich ein- oder zweimal an, um etwas von ihr zu erfahren, und schaute nach einem seiner Krankenbesuche bei uns herein. Es war eine rauhe Winternacht, er tat mir leid. Abgespannt und müde würde er in ein kaltes leeres Haus zurückkehren, ohne daß Tony ihm das Essen brachte und ihm von ihren Erlebnissen erzählte. Wir taten unser Bestes und luden ihn zum Abendessen ein. Hinterher saß er mit uns am flackernden Feuer, schlief halb und behauptete fernzusehen. Wir begannen, unter dem Fieber der Vorwahlen zu leiden. Ein Reporter hatte bereitwillige Leute auf der Straße angehalten und nach ihrer Meinung ausgefragt. Es war das Übliche. Manche Leute wußten noch nicht einmal das Datum; andere hatten ihre Auffassung über alles und mußten taktvoll unterbrochen werden. Manche weigerten sich, überhaupt zu sprechen.

Plötzlich rief Paul aus: »Lieber Himmel, da ist Tony!« Dr. Barrett schoß hoch, ich legte mein Nähzeug weg. Es war wirklich Tony, die auf dieser geschäftigen Straße angehalten wurde und den Reporter liebenswürdig anlächelte. Sie sah ganz anders aus als viele junge Leute; sicherlich ausgefallen, was die Länge der Haare und die Kürze des Rockes betraf, aber fröhlich und hübsch, ohne Scheu vor dem Mikrophon. Ich murmelte: »Oh, lieber Himmel«, und Paul sagte: »Hoffentlich redet sie keinen Unsinn.« Dr. Barrett starrte nur gebannt auf den Bildschirm.

»Was halten Sie von den Wahlen?«

Tony lächelte bezaubernder denn je. »Ich finde sie phantastisch. Ein Riesenspaß. Wenn nur die Zwanzigjährigen wählen dürften, dann könnte ich auch meine Stimme abgeben.«

»Sie sind doch bestimmt noch nicht zwanzig?«

»Nein, aber vor der Wahl werde ich zwanzig. Ich werde alles pauken und für unsere Partei Mitglieder werben.«

»Braves Mädchen! Aber wird Sie eine Wahlversammlung nicht langweilen?«

»Langweilen? Das wird doch spannend.«

Er lachte. »Sie gehören nicht zu denen, die am Feuer sitzen und alles auf dem Bildschirm betrachten?«

»Natürlich nicht. Jetzt, wo unsere Straße geschottert ist, ist es ganz einfach 'rauszufahren, sogar nachts.«

Er sah erstaunt aus. »Geschottert? Aber Sie leben doch in der Stadt?«

»Nie im Leben. Ich arbeite in einem Laden im Hinterland und genieße jede Minute.«

»Das ist die richtige Einstellung, aber ich muß sagen, Sie sehen überhaupt nicht wie ein Mädchen vom Land aus«, aber hier lachte Tony und ging ihres Weges.

Einen Moment herrschte Schweigen, dann sagte Paul selbstgefällig: »Na ja, sie hält ihre Fahne hoch, findet ihr nicht?«

»Sie sah wunderbar aus und war kein bißchen schüchtern«, murmelte ich einfältig.

Der Doktor sagte zunächst nichts, aber er sah nicht besonders begeistert aus.

Dann brummte er: »Wie sie dieses Hinterland ständig besingt! Man könnte meinen, es gäbe keinen anderen Ort auf der Welt, wo es sich leben läßt. Es war überhaupt nicht nötig, etwas über ihre Arbeit in dem Laden zu sagen.«

Ich war verärgert und erstaunt. War es möglich, daß der Doktor ein Snob war, daß er nicht wollte, daß das Mädchen, welches er liebte, der Welt erzählte, es arbeite in einem Laden? Er sagte gereizt: »Es klang überhaupt nicht, wie es wirklich ist. Jeder muß denken, daß sie eine normale Verkäuferin ist.«

Das war zuviel für mich. Ich sagte: »Warum eigentlich nicht? Sie ist eine Verkäuferin und schämt sich dessen nicht. Sie arbeitet in einem Geschäft, und das macht sie gut; es ist nicht schlecht, wenn die Leute sehen, daß ein Mädchen hübsch, elegant und fröhlich sein kann, und trotzdem aus dem Hinterland kommt.«

Es war vielleicht ein Glück, daß in diesem Augenblick das Telefon klingelte. Jeder schien das Programm gesehen zu haben; nun riefen sie alle an, um zu erzählen, wie attraktiv und natürlich Tony gewesen war. Sogar Peter hatte angerufen und gesagt: »Schön, zu sehen, daß Tony sich vergnügt. Herrlich, wie sie die Herausforderung angenommen hat. Sie hat ihren Spaß.«

Ganz anders als die Reaktion des Doktors, dachte ich. Aber Peter hatte ja auch kein »Image« zu wahren; er war ein Farmer vom Land und stolz auf ein Mädchen vom Land. Ich kam vom Telefon zurück und sagte gehässig: »Na ja, alle anderen schienen Tony wunderbar gefunden zu haben. Peter war ganz begeistert.«

Als Barrett gegangen war, sagte ich zu Paul: »Dieser junge Mann hat sich wegen Tonys Redeweise geschämt. Er möchte eine absolut konventionelle Frau.»

»Warum auch nicht? Ärzte müssen auf die öffentliche Meinung bedacht sein.«

»Ich mag keine Snobs.«

»Unsinn, mein Schatz. Das ist kein Snobismus. In bestimmten Berufen muß man konventionell sein. Nur weil du und Larry gerne die Leute schockiert habt, als ihr noch . . . noch . . .«

Ich brach in Gelächter aus. Paul wäre beinahe wieder ins Fettnäpfchen getreten. Er wechselte das Thema und sagte: »Jedenfalls mußt du zugeben, daß der Bursche Mut hat. Er klagt nie, daß er bei schlechtem Wetter 'raus muß, und er sah ziemlich fertig aus.« Ich schämte mich. Hier saßen wir nun gemütlich am Feuer, und dieser ziemlich zart aussehende junge Mann fuhr durch den Sturm zurück in ein leeres Haus, und vielleicht wurde er noch einmal vor dem Morgen herausgeholt. Aber er fühlt sich hier nicht richtig wohl, dachte ich. Er braucht Lichter und gepflasterte Straßen und viele kluge Kollegen. Und wie wird Tony sich mit diesem Leben abfinden?

Es hatte keinen Zweck, daran herumzurätseln, denn einen Monat nach ihrer Rückkehr brachte Oliver Barrett Tony nach

Hause und fragte Paul mehr oder weniger förmlich, ob er einer Verlobung zustimmen würde.

Tony war schnell hinausgegangen, und ich sah Paul hoffnungsvoll an. Das war der Augenblick, um die Dinge aufzuhalten. Er sagte langsam: »Ich weiß nicht. Sie ist sehr jung. In mancher Hinsicht noch sehr unausgegoren, selbst für ihr Alter. Aber wenn ihr beide sicher seid ... Was meinst du, Susan?«

Ich blitzte den Feigling böse an, sprach ganz langsam, tastete mich vor und war entschlossen, nichts Unüberlegtes zu sagen, was ich später bereuen würde. »Natürlich ist sie jung und in gewisser Weise für zwanzig Jahre sehr unreif. Ich glaube, das war ihre unglückliche Kindheit ... Natürlich wird heute sehr jung geheiratet ... Wie alt sind Sie, Oliver?«

Das schien der richtige Augenblick, um einen freundschaftlichen Ton zu wählen und ihn beim Vornamen zu nennen; wenn ich wirklich die Tante des jungen Mannes werden sollte ...

Er sah mich warmherzig an, und ich dachte mit schlechtem Gewissen: ›Er ist nett. Hab keine Vorurteile. Denk nicht an Peter. Verdirb nichts.‹

Er sagte: »Ich bin achtundzwanzig. Ich will gar nicht behaupten, daß ich nicht die üblichen – na ja, die üblichen Erlebnisse hatte, aber so habe ich mich noch nie gefühlt. Ich habe nie den Wunsch gehabt, jemanden zu heiraten. Es klingt sonderbar, aber – ich liebe sie sehr.«

Es klang nicht sonderbar. Es war einfach und aufrichtig. Paul, der Angst hatte, ich würde sentimental, sagte hastig: »Das wäre es dann wohl, herzlichen Glückwunsch.«

Aber ich wollte mich so nicht zufriedengeben und sagte etwas nervös, weil er nicht der Typ war, bei dem man sich etwas herausnehmen konnte: »Oliver, was für Pläne haben Sie? Beabsichtigen Sie, lange hierzubleiben?«

Sein Gesicht wurde verschlossen, dann sagte er ruhig: »Ich habe keine Pläne. Ich bin hier, und ich hoffe, daß ich meine Arbeit gut mache. Im Augenblick denke ich nicht weiter ...«

Ziemlich kurz abgefertigt schlich ich aus dem Zimmer, um nach Tony zu sehen.

Sie hockte in ihrem Zimmer und machte ein besorgtes Gesicht. Als ich hereinkam, sprang sie vom Bett, auf dem sie gesessen hatte, hoch und prüfte meinen Gesichtsausdruck. Ich hoffte, daß ich nichts verriet, ich glaube auch nicht, daß ich es getan habe, denn plötzlich küßte sie mich und sagte: »Es ist dir doch recht, Susan, nicht wahr? Ich hatte solche Angst, du wärst nicht dafür, und es ist doch alles so herrlich.«

Sie war wirklich sehr jung und hatte völlig die Fassung verloren. Ihre Augen glänzten, ihr Gesicht strahlte. Ich küßte sie wieder und sagte: »Ich freue mich, dich so glücklich zu sehen«, und ich meinte, mich gut aus der Affäre gezogen zu haben. Als sie ins Wohnzimmer ging, versuchte Paul etwas abweisend zu sein und sagte: »Na, mein Fräulein, du hast also beschlossen, uns zu verlassen. Was wird dein Vater dazu sagen?«

»Oh«, sagte Tony und reckte sich, um ihm einen Kuß aufs Kinn zu geben, wobei sie seine angeblichen Versuche, ihr auszuweichen, völlig ignorierte. »Daddy wird einverstanden sein. Er wird Oliver mögen, uns besuchen und ab und zu bei uns bleiben. Wenn Oliver nicht zuviel zu tun hat, kann ich vielleicht manchmal mit ihm reisen, aber natürlich nur für kurze Zeit.« Bei den letzten Worten warf sie dem jungen Doktor einen Blick zu, für den mancher Mann viel gegeben hätte.

Jetzt plante sie, daß ihr Leben fast genauso weitergehen würde, wie es augenblicklich war. Ich wechselte das Thema und sagte: »Das muß gefeiert werden«, worauf ich Sherry und Gläser holte. Aber sie kam fast sofort darauf zurück. »Ich werde das Haus sehr schön einrichten und Oliver viel helfen. Er wird mir beibringen, was ich tun muß, und ich werde ihn fahren, wenn er müde ist und auf eine lange Fahrt gehen muß. Es wird herrlich sein, ihm zu helfen, all diese Leute zu pflegen, die keinen Arzt bekommen könnten, wenn er nicht hier wäre. Oh, das

Leben eines Arztes auf dem Lande ist wirklich das Beste, was man sich vorstellen kann.«

Bei diesen Worten hatte Oliver sich umgedreht und studierte ein Bild, aber Paul kam ihm zur Hilfe: »Wie wäre es mit dem Leben eines Arztes in der Stadt? Auch dort herrscht ein großer Mangel, und sie tun viel Gutes.«

Tony war an Stadtärzten nicht interessiert. »Mag schon sein«, sagte sie gleichgültig, »aber es ist alles leichter, und sie sind nicht so wichtig. Die Leute können immer einen anderen Arzt finden, wenn ihrer weg ist oder Urlaub macht. Diese Ärzte haben nicht einen ganzen Bezirk, der von ihnen Hilfe erwartet, nur von ihnen. Das Leben eines Arztes im Hinterland ist wie das eines Missionars, nur ohne die klugen Schriften.«

Oliver versuchte nicht, in Tonys Begeisterung einzustimmen, er verteidigte auch nicht die Ärzte in der Stadt. Dazu war er viel zu klug. Es war so, wie ich mir schon gedacht hatte – er wollte Tonys dumme Illusionen ausnutzen, um sich ihre Liebe und Unterstützung zu sichern. War ich gemein, wenn ich dachte, daß ihr Geld auch nicht ganz ungelegen kam? Nicht, daß ich seine echte Liebe zu ihr angezweifelt hätte, aber er war kein Dummkopf, und Geld spielt für einen jungen Arzt, der am Anfang seiner Karriere steht, immer eine Rolle. Ich machte ihm deshalb keinen Vorwurf, und sollte es für Tony eines Tages ein böses Erwachen geben, so war sie wirklich selbst schuld.

Das war zwar alles sehr logisch und nüchtern, entsprach aber nicht meinen Gefühlen.

Ich machte mir Sorgen, nahm mir ein Herz und sprach mit Miss Adams darüber. Sie sagte offen: »Ich habe es kommen sehen, aber Sie wissen sicher, daß ich es nie unterstützt habe, und es tut mir ein bißchen leid. Ich hatte, na ja, etwas anderes erhofft. Aber er ist ein netter Mann, und solange Tony ihn für so opferbereit hält, daß er für andere lebt, wird sie ihn anbeten. Wenn sie herausfindet, daß er verständlicherweise auch für sich selbst leben will, wird es Schwierigkeiten geben.«

Jetzt sprach Paul, der sich sonst ganz selten in die Dinge anderer Leute einmischte, mit Tony. »Du weißt, mein Kind, du mußt auf dich aufpassen, sonst wirst du wie besessen.«

»Besessen? Wovon?«

»Von deinen Vorstellungen über das Leben im Hinterland. O ja, ich weiß, daß du dich von uns hast anstecken lassen, aber in meinem Fall ist das etwas anderes. Ich bin nach dem Krieg hierher gekommen, habe mir meine Farm aufgebaut, und das befriedigt mich. Es ist mein Leben. Es ist nicht zwangsläufig ein Leben für jeden. Vielen Leuten gefällt es nicht. Du mußt lernen, daß es in der Stadt genauso gute Menschen gibt wie auf dem Land. Du hast da irgendwie eine fixe Idee.«

»Du hast gut reden. Du wirst ziemlich böse, wenn jemand dieses Leben nicht mag, und du würdest nirgends sonst sein wollen. Susan auch nicht.« Sie sah mich erwartungsvoll und hilfesuchend an, und ich war in Verlegenheit.

Einerseits wollte ich ehrlich sein und sagen: »Es gab Zeiten, da hätte ich gern woanders gelebt; Zeiten, als jemand krank war, oder das Wetter schrecklich, oder es uns schlecht ging.« Aber ich konnte Paul nicht weh tun, ich konnte nicht sagen, daß ich dies zu meinem Leben gemacht hatte, weil es seines war und er nirgendwo sonst glücklich gewesen wäre. Obwohl es jetzt mein Leben war, hatte ich es Paul zuliebe getan und nicht wegen der Reize dieses Lebens selbst. Ich sagte langsam, und ich hoffe klug: »Jede Frau, die ihren Mann liebt, ist glücklich, wo er ist«, und dann fühlte ich mich ganz stolz.

Aber Paul war nicht dumm. Er sagte scharf: »Sei nicht albern, Tony. Natürlich ist Susan hier glücklich, aber sie wäre in der Stadt genauso glücklich geworden. Sie hat dies zu ihrem Leben gemacht, als sie mich heiratete, und jetzt gefällt es ihr, oder zumindest das meiste davon. Sie ist nicht glücklich, wenn von den Kindern Abschied genommen werden muß, oder sie mit einem alten Auto kämpft oder nie in die Stadt gehen kann, wenn es nicht absolut notwendig ist. Das ist die andere Seite dieses herrlichen Lebens.«

Ich war so erstaunt wie Tony. Dr. Barrett war dankbar, obwohl er es zu verbergen suchte. Ich wußte jetzt, was er vorhatte, auch wenn er nichts verraten wollte. Sobald er Tony ganz sicher hatte, noch besser nach der Hochzeit, würde er das Hinterland verlassen, sie mit in eine Stadtpraxis nehmen und in seinem Beruf vorwärts kommen. Wer konnte ihm deshalb einen Vorwurf machen? Zumindest nicht, weil er ehrgeizig war, höchstens, weil er es verheimlichte und Tony zu gewinnen suchte, bevor er sich offenbarte.

Wir beschlossen, es unseren Freunden sofort zu sagen. Der Bezirk würde es früh genug erfahren, daher erzählte ich es Larry und Tante Kate, als sie am nächsten Morgen erschienen. Ich konnte offen reden, denn Tony war mit Oliver am Abend vorher zum Laden zurückgekehrt, und die Kinder waren weg. Larry spielte nicht die Begeisterte.

»Na ja, er ist ein netter Junge; er arbeitet schwer und braucht jemanden, bei dem er sich anlehnen kann. Eine ewige Stütze. Das wird Tony gerne sein.«

»Aber was passiert, wenn er gleich nach der Hochzeit von hier weggeht?«

Larry zuckte die Achseln. »Wer wollte ihm das vorwerfen? Er leistet hier eine gute Arbeit, aber das wird ihn nicht befriedigen, wenn er ein guter Arzt werden will. Er sollte in die Stadt gehen.«

»Und Tony?«

»Sie muß sich entscheiden. Wenn sie sich für Tiri entscheidet, wird ihr ein bißchen das Herz brechen. Zerstörte Träume und all das. Wenn sie sich für Oliver entscheidet, dann liebt sie ihn wirklich.«

Kate sagte nichts, und als ich in sie drang, antwortete sie mit ihrer üblichen Schroffheit: »Warum fragst du mich? Ich bin eine alte Jungfer und kann das nicht beurteilen. Ich mag den jungen Mann gerne. Er ist tüchtig, bescheiden und liebenswürdig. Tony wird später entdecken, daß er kein Wundermensch ist, kein selbstloses menschliches Wesen. Damit wird sie sich abfinden. Das müssen die meisten von uns durchstehen.«

Beides klang nicht sehr beruhigend. Ich sagte: »Ich habe mich immer gefreut, daß Tony hier so glücklich war. Jetzt wünsche ich, sie würde merken, daß manch anderes Leben genau so gut ist.«

Kate war erschreckend ehrlich. »Dein Fehler, Susan. Deiner und Larrys. Ihr habt mit diesem Leben Kult getrieben. Nichts war unangenehm. Alles machte Spaß. Das hat Tony geschluckt. Als sie herkam, war sie nicht glücklich. Jetzt meint sie, ihr Eldorado gefunden zu haben. Barrett ist so vernünftig, anders zu denken. Das werden sie durchkämpfen müssen.«

Ich sagte: »Sie haben sich gnädig bereit erklärt, mit der Hochzeit sechs Monate zu warten.«

»Warum machst du dir dann Sorgen? Kopf hoch, und rede von etwas anderem.« Tante Kate war heute morgen wirklich besonders ermutigend. Von unseren Freunden war niemand übermäßig begeistert. Alle sagten, sie fänden Oliver in Ordnung, aber gleichzeitig machten sie Vorbehalte. Der Oberst sagte: »Er ist ein sehr tüchtiger Mann. Er wird viel erreichen, aber . . .«

Anne war liebenswürdig wie immer: »Ich mag ihn gerne. Er ist nett, geduldig, zu allen gleich freundlich, aber trotzdem . . .« Alison redete überhaupt nicht davon. Sie gratulierte dem Doktor, sagte, er sei ein sehr glücklicher Mann und legte den Arm um Tony mit den Worten: »Und ich hoffe, daß du immer sehr glücklich sein wirst.«

Sam war etwas ungeschickt. »Ja, Tony, ich hatte immer geglaubt, du würdest einen Farmer heiraten. Jemanden, der im Bezirk bleibt und unser Leben lebt. Aber trotzdem, Barrett ist ein guter Kerl.« Tony sagte schnell: »Aber natürlich werde ich hierbleiben. Das ist auch Olivers Leben. Wie sollte Tiri ohne ihn auskommen?«

Sam machte ein verlegenes Gesicht; Oliver starrte aus dem Fenster, und ich sagte schnell: »Wir mußten vorher zurechtkommen, und das werden wir auch wieder versuchen müssen«, aber Tony bestritt das heftig. Sie war einfach baß erstaunt, daß jemand glauben konnte, sie würde uns verlassen.

Peter sagte gar nichts. Als er das nächste Mal zum Supermarkt ging, sagte er Tony, er hoffe, sie würde sehr glücklich werden, und ob sie wohl ein Wurmmittel für die Hunde vorrätig hätte. Alles in allem ziemlich unbefriedigend und bedrükkend.

Selbst Alister machte keinen Luftsprung. Er schrieb seinem zukünftigen Schwiegersohn sehr freundlich und sehr liebevoll an Tony, versicherte, er würde ihr schon jetzt ziemlich hohes Taschengeld verdoppeln, wenn sie verheiratet wäre. »Nicht daß Oliver kein Geld verdienen würde, aber ich finde es schön, wenn eine Frau ihr eigenes Einkommen hat und nicht wegen jedes Dollars zu ihrem Mann laufen muß. Außerdem wird dein Dr. Barrett eine Menge Ausgaben haben, wenn er sich vergrößert« – eine Bemerkung, deren Bedeutung Tonys Fassungsvermögen überstieg.

An mich schrieb er: »Es hat keinen Zweck, traurig zu sein, Susan. Es ist schade, aber man kann es nicht ändern. Er ist ein attraktiver junger Mann, und er besitzt viel Ehrgeiz, obwohl er so klug ist, im Moment nicht davon zu sprechen. Tue inzwischen dein Bestes, um die Dinge so lange wie möglich hinauszuziehen. Ich bin etwas verärgert, wenn ich bedenke, daß dieser junge Mann voller Pläne steckt und sie erst zum passenden Zeitpunkt preisgeben will. Seine Hochzeit ist erst in einigen Monaten, dann muß er heraus mit der Sprache, und das wird ein Gewitter auslösen; darauf wollen wir uns freuen.«

»Typisch für diesen Menschen, daß er einen ordentlichen Krach genießt, solange er nicht selbst drinsteckt«, brummte

Paul, als er das las. »Für uns ist das nicht so lustig. Ich glaube, daß es dem Kind einen ziemlichen Knacks geben wird, schlimmer als bei dem ganzen Unsinn mit Norman Elder.«

Wenn Alisters Bemerkungen zutrafen, so stimmten auch die meines Mannes. Paul hatte sich die größten Sorgen gemacht, als Tony damals ihr Herz einem Heiligen geschenkt hatte, der doppelt so alt war wie sie. Er hatte zwar nie davon gesprochen, es aber nicht vergessen, und ich auch nicht. Das steigerte nicht gerade meine Begeisterung für diese neue unglückliche Liebschaft.

Alisters Brief endete, wie zu erwarten war: »Ich bin aber der Auffassung, daß man nicht eingreifen kann. Fehler muß man selbst machen und selbst daraus lernen, auch wenn es hart ist.«

Sein Fehler war natürlich Claudia gewesen. Sie schrieb freundlich an ihre Tochter und herzlich an mich: »Du hast, wie ich schon sagte, mit deiner Adoptivtochter wirklich Erfolg gehabt. Er scheint ein sehr vielversprechender junger Mann zu sein, der seinen Weg machen wird. Tony wird hoffentlich ihre Erfüllung darin finden, ihm zu helfen.«

Paul explodierte, als er das las: »Zum Teufel mit der Erfüllung. Wer will seine Erfüllung darin finden, einen Kerl zu unterstützen, der nicht den Mut hat, die Wahrheit über seine Zukunft zu sagen? Tony ist keine Heilige. Wenn sie herausfindet, daß sie hinters Licht geführt wurde, ist eine Scheidung wahrscheinlicher als irgendeine Erfüllung.«

6

Sie hatten sofort zugestimmt, als Paul, von mir angetrieben, forderte, sie sollten frühestens in sechs Monaten heiraten. Oliver hatte ein sehr verdrießliches Gesicht gemacht, und ich konnte mir vorstellen, daß er dachte: »Noch sechs Monate in dieser Höhle.« Sechs Monate früher könnte er zweifellos mit der Hilfe von Tonys Vater eine gute Stadtpraxis bekommen und Tony mitnehmen. Schon im nächsten Augenbllick schämte ich mich. Wahrscheinlich machte er ein verdrießliches Gesicht, weil er sechs Monate warten sollte, wo er doch so verliebt war; was das Geld betraf, das Alister bestimmt anbieten würde, so neigte ich zu der Meinung, daß es vielleicht zurückgewiesen würde. Oliver mochte eine Schulter brauchen, an die er sich gefühlsmäßig, aber nicht finanziell anlehnen konnte, denn er besaß einen ziemlichen Stolz.

Bis dahin hatte er dann ein Jahr in Tiri investiert; einen schrecklichen Winter, einen stürmischen Frühling und einen kurzen Sommer, dem noch ein kalter Herbst folgte, bevor er gehen und sicher sein konnte, daß seine Abende ihm gehörten, daß sein Wagen, der neu war, als er ankam und jetzt schon abgenutzt aussah, nur auf gepflasterten Straßen fahren würde, und daß er manchmal sein Wochenende frei hätte, um seinem Vergnügen nachzugehen. Wie dem auch sei, ein Jahr war mehr, als wir erhofft hatten; viel mehr, als seine beiden Vorgänger uns zugestanden hatten.

In Wirklichkeit war ich bedrückt, obwohl ich dagegen ankämpfte. Die Farm ging nicht sehr gut, und Paul war überarbeitet. Die Kinder wurden aus irgendeinem unerklärlichen Grund ausgesprochen lästig und ungezogen, und ich war nicht glücklich über Tonys Verlobung.

Natürlich war sie sehr mit Oliver Barretts Leben beschäftigt. Sie war oft bei ihm zu Hause, wirkte heimlich als Hausfrau und manchmal auch als Krankenschwester. Das heißt, so oft es ihre Arbeit im Supermarkt erlaubte. Im Moment gab es nicht allzuviel zu tun. Nach einem Jahr Einarbeitungszeit war Caleb in seiner Arbeit ganz gut geworden, und Tantchens Mischlingsmädchen Miranda kam an betriebsamen Tagen und half aus.

Sie war die Tochter eines zurückgekehrten englischen Soldaten, der in den Bezirk gekommen und vor meiner Zeit dort gestorben war. Er hatte in keiner Hinsicht viel getaugt, aber er war so vernünftig gewesen, eine sehr anmutige junge Maorifrau zu heiraten, die seinen Haushalt und seine kleine Farm in wunderbarer Ordung hielt und ihm ein Kind schenkte. Kurz nach ihrer Geburt war ihr Vater an einem Nierenleiden, dem er keine Beachtung geschenkt hatte, gestorben, aber seine Frau, die ihn treu pflegte und ohne allzu großen Schmerz beerdigte, lebte weiter auf ihrem kleinen Stück Land, wo sie ein paar Kühe molk und den Rahm in die Fabrik schickte. Außerdem baute sie hervorragendes Gemüse an, das sie Miss Adams verkaufte. Sie lebte von dem Erlös sowie von ihrer Witwenrente und dem Kindergeld. Als Miranda siebzehn war, kehrte sie nach drei Jahren Maorischule, für die sie ein Stipendium bekommen hatte, nach Hause zurück. Sie war hübsch und klug, hatte eine herrliche goldene Haut und eine tiefe zauberhafte Stimme. Ihre dunkle Schönheit bildete einen vollkommenen Hintergrund für Tonys herrliche rote Haarpracht, und die beiden waren gute Freunde.

»Bis ich heirate, wird Tantchen mich überhaupt nicht mehr vermissen«, sagte Tony beruhigt. »Miranda wird immer besser, und wenn es einmal ganz schlimm zugeht, kann ich natürlich immer kommen und helfen.«

Ich unterdrückte ein Lächeln bei der Vorstellung, daß Mrs. Oliver Barrett im Supermarkt hinter dem Ladentisch stehen würde, und ich hatte Mitleid mit Tony und ihren kindlichen Träumen.

Sie schenkte ihrem Doktor einen großen Teil ihrer Zeit, und ich fand, daß der junge Mann ein sehr gutes Geschäft gemacht hatte. Ob er am Ende siegen würde, war eine offene Frage, aber inzwischen genoß er die unentgeltlichen Dienste einer Hausfrau, Freundin und Krankenschwester.

»Natürlich arbeitet sie viel zu hart«, sagte Miss Adams, »aber sie scheint dabei aufzublühen, und zumindest bekommt sie eine ungefähre Vorstellung von dem Leben, das eine Arztfrau führt – wenn sie wirklich eine Arztfrau wird«. Das zeigte, daß Tantchen meine Zweifel über die Zukunft teilte.

Der Bezirk war natürlich sehr interessiert. Was sie davon hielten, daß Tony halb im Haus ihres Verlobten lebte, weiß ich nicht, aber ich bin sicher, nicht das Schlechteste. Sie hatten Tony sehr gern und mochten ihren jungen Doktor ungeheuer. Über die Verlobung freuten sie sich, und ich hatte die größten Schwierigkeiten, sie davon abzuhalten, diese schreckliche Folge von Parties zu veranstalten, die mit einer ›Verlobungsparty‹ beginnt, dann unbarmherzig zu einem ›Tee in der Küche‹, zu einem ›Kaffee im Badezimmer‹ und so weiter übergeht. Eigentlich konnte sich auch niemand so viele Geschenke leisten; Tony brauchte sie auch nicht und hätte nie gewollt, daß die Leute Geld für sie ausgaben, und Oliver stand der allgemeinen Zustimmung ziemlich nüchtern und gleichgültig gegenüber. Ich glaube, er machte sich Sorgen über die Reaktion der Öffentlichkeit, wenn sich herausstellte, daß er nicht für immer bleiben würde, und vor allem natürlich über diese Wirkung auf Tony.

Trotz ihrer ganzen Hingabe für den Doktor änderte sich Tonys Verhalten uns gegenüber nicht. Jedes Wochenende ritt sie nach Hause, widerstand Olivers Drängen, sie zu fahren, und war immer noch das liebevolle, begeisterte Kind, das gern alle ihre Erlebnisse erzählte und sich die unsrigen anhörte. Ihre Freundschaft zu Peter behielt sie auch bei, und dieser ruhige Mann schien damit ganz zufrieden zu sein. Manchmal klagte sie natürlich über ihn: »Ich verliere einfach die Geduld mit Peter«, rief sie eines Tages heftig aus, als sie von seiner Farm zurückkam. »Er hat ein herrliches Fohlen. Der Tierarzt war heute wegen irgendeiner Sache da, und er sagte, er habe noch nie ein besseres Tier gesehen und hoffe, Peter würde es ausbilden lassen, wenn es alt genug wäre. Oh, ich bin sicher, es würde viele Rennen gewinnen!«

»Warum sollte er es ausbilden lassen?« fragte Paul. »Peter liegt nichts an Rennen.«

»Na ja, das ist dumm von ihm«, sagte sie ärgerlich. »Nett, aber so wenig unternehmungslustig. Wenn er nicht aufpaßt, wird er langweilig, und das wäre nicht nötig, wenn er sich ein bißchen Mühe gibt.« Ich war verärgert, um so mehr, als ein bißchen Wahrheit darin lag. »Langweilig? Das ist er überhaupt nicht. Er hat einen herrlichen Sinn für Humor, und er ist nicht immer so sanftmütig, wie es scheint. Ich habe Peter einmal in schrecklicher Wut gesehen, und das werde ich so schnell nicht vergessen.«

»Was war denn passiert?« Zumindest zeigte sie ein wenig Interesse. »Das ist keine schöne Geschichte, und ich werde sie nicht erzählen. Du würdest sie nicht mögen. Aber einmal brachte ich ihm zufällig eine Nachricht und platzte in eine schreckliche Szene. Ein Viehtreiber hatte seinen Hund mißhandelt, und Peter jagte ihm richtig Angst ein. Daraufhin hat er den Hund gekauft; es ist dieser kluge Len, der immer bei ihm ist. Aber glaube mir, Peter kann schrecklich aufbrausen.«

»Der liebe alte Peter«, sagte Tony warmherzig und fuhr dann fort, mir zu erzählen, wie nett Dr. Barrett zu einer kranken Katze gewesen war. Im Augenblick war sie völlig engstirnig.

Als ich gerade wünschte, es würde irgend etwas Interessantes passieren, was mich vom schrecklichen Benehmen meiner Kinder und von meiner Enttäuschung über Tonys Verlobung ablenken würde, bekam ich einen Anruf von Agnes Johnson, einer Freundin aus Te Rimu.

»Susan, ich habe dich einfach verplant, aber du kannst leicht ablehnen ... Ich habe deinen Namen angegeben, als ich gebeten wurde, geeignete Frauen für eine dieser Umfragen zu suchen, die immer veranstaltet werden; deinen und Larrys.«

»Was für Umfragen? Davon weiß ich überhaupt nichts.«

»Sie nennen es Umfragen in den Haushaltungen, und ich weiß eigentlich auch nicht genau, wozu sie gut sind, aber sie sind ganz lustig. Ich habe das jahrelang gemacht, nur dieses Jahr fahre ich nach Australien und kann nicht. Ich glaube, du und Larry, ihr seid genau richtig dafür.«

»Aber wofür sind wir richtig?«

»Ihr geht in die Häuser und stellt über alle möglichen Dinge Fragen. Ich habe eine über Elektrogeräte gemacht, über Ölheizung und Fleckenwasser – oh, was du dir nur denken kannst. Ich habe regelmäßig mitgewirkt, es tut mir leid, daß es diesmal nicht klappt, außerdem bringt es Geld, und das kann doch nie schaden.«

Ich spitzte die Ohren. Geld konnte für diese schreckliche Schulausstattung wirklich nicht schaden. Ich sagte: »Erzähle mir mehr darüber.«

»Nun, diesmal wollen sie, daß jeder vierzig Häuser besucht, zwanzig in der Stadt und zwanzig auf dem Land, um herauszufinden, was die Leute für Schönheitsmittel und Spirituosen ausgeben.«

»Lieber Himmel, was für eine komische Zusammenstellung! Was haben Schönheitsmittel und Spirituosen miteinander zu tun?«

»Ziemlich viel, wie du merken wirst, wenn du eine Frau fragst, was sie für Schönheitsmittel ausgibt, und sie darüber schimpft, was ihr Mann für Spirituosen ausgibt. Ich weiß nicht, warum sie das zusammen nehmen; wahrscheinlich geht es nach dem Alphabet, denn als wir uns mit der Heizung befaßten, war der andere Teil Hundefutter. Aber im Ernst, die Leute sind normalerweise freundlich und hilfsbereit, und Larry und du, ihr seid ja so taktvoll.«

»Da bin ich nicht so sicher. Es klingt ziemlich einschüchternd. Ich glaube, ich würde nicht gerne Fragen über Dinge stellen, die nicht meine Sache sind.«

»Aber das ist ja gerade deine Sache. Dafür sind die Umfragen doch da. Es sollen Statistiken ausgearbeitet werden, und ihr müßt die Daten besorgen. Mit dem Fragenstellen allein ist es nicht getan. Ihr bekommt riesige Formulare, die ihr ausfüllen müßt. Abends hat man ziemlich viele Hausaufgaben zu machen.«

»Das klingt schrecklich schwierig. Ich glaube nicht, daß das für mich oder Larry das Richtige ist.«

»Unsinn. Denk an das Geld. Und du lernst alle möglichen Menschen kennen, lustige und auch nette. Versuch es, Susan.«

»Aber es ist so kompliziert.«

»Eigentlich nicht. Es ist interessant, und die Leute sind zu Larry und dir immer nett. Wenn du wirklich an irgendein Ekel gerätst, packst du einfach deine Papiere in die Tasche und gehst. Aber das ist mir in all den Jahren erst einmal passiert.«

»Wo müßten wir denn hingehen? Wenn wir unsere Freunde fragen könnten, wäre es ja gut.«

»Das könnt ihr nicht machen. Man gibt euch eine Straße, und dort besucht ihr zwanzig Häuser, normalerweise wird immer eine Hausnummer übersprungen. Die anderen zwanzig befinden sich auf dem Land, der Bezirk wird euch vorgeschrieben. Man braucht keine weiten Strecken zurückzulegen. Sie sind der Auffassung«, und dann erzählte sie mir, daß, wenn wir uns entschlössen, es zu versuchen, wir an einem Tag der nächsten Woche auf einer Zusammenkunft kurz informiert und eingewiesen würden. Ich zögerte noch immer, bis sie mir erzählte, wieviel Geld man bekam, und da dachte ich: Damit könnte ich

Christopher alle Schuhe für die Schule kaufen und vielleicht noch andere Sachen.

Ich sagte: »Ich werde das mit Larry besprechen. Vielen Dank, Agnes, daß du an uns gedacht hast. Ich hoffe, daß wir dich nicht enttäuschen, denn das viele Geld könnte ich brauchen. Du weißt, daß die Kinder nächstes Jahr zur Schule kommen, und es ist furchtbar, was wir alles dafür anschaffen müssen.«

»Oh, das weiß ich wohl! Ich war völlig pleite, als Jane im Internat war. Nun ja, viel Glück!«

Larry war begeistert. »Man muß alles probieren. Was für ein Segen, Susan, einmal das Haus und die fürchterlichen Kinder zu verlassen. Sie machen mich rein wahnsinnig.«

Mir ging es genauso. Von welchem bösen Geist Christopher und Christina auch immer besessen sein mochten, er war natürlich auf die jüngeren Kinder übergegangen, und man wurde wirklich nur noch schwer mit ihnen fertig. Sie waren schon zu Hause sehr schlimm. Sie kamen immer wieder auf neue, dumme Gedanken, und manche davon waren richtig gefährlich. Die beiden älteren Kinder waren schon immer waghalsig. Christopher war von Natur aus furchtlos, und Christina mußte mithalten. Ihre Mutter sagte sogar, sie sei so dumm, daß sie nicht einmal wisse, was das Wort Gefahr bedeute. So suchten wir sie immer draußen im Busch, geplagt von schrecklichen Gedanken an Kinder, die sich im Kreise drehten und tagelang verschollen blieben, oder wir fürchteten, sie von Stacheldraht zerfleischt aufzustöbern oder sie aus der Bucht zu fischen, in die sie gefallen waren, weil sie an einem tiefen verbotenen Wasser gespielt hatten. Ein Abenteuer folgte dem anderen, und sie schienen entschlossen, so ungezogen wie möglich zu sein.

In der Schule war es natürlich noch schlimmer. Hier wurde ihr Benehmen immer schlechter, und Mr. Marshall ließ Larry und mich kommen und nahm kein Blatt vor den Mund.

»Ich bin froh, daß sie im nächsten Jahr auf eine andere

Schule gehen. Um ehrlich zu sein, es ist höchste Zeit. Ich weiß nicht, was mit ihnen los ist, aber sie scheinen alles zu zerstören. Sie waren zwar schon immer die Anführer einer Art von Bande, aber jetzt scheinen sie ihren ganzen Einfluß nur noch zu Übeltaten und schlechtem Benehmen auszunutzen.«

Wir ahnten ein bißchen, was mit ihnen los war. Sie wurden älter und merkten nun, daß ihr Lehrer sich überhaupt nicht für sie interessierte. Vielleicht wollten sie sich auch ein letztes Mal austoben, weil sie dachten: »Na ja, das ist unser letztes Jahr hier, daraus wollen wir das Beste machen.« Aber ich glaube eigentlich nicht, daß sie so vorgingen oder viel über die Schule im nächsten Jahr nachdachten, außer, wenn sie erwähnt wurde. Dann setzten sie eine finstere Miene auf und gaben dem nächsten Möbelstück einen Fußtritt. Obwohl wir James Marshall nicht sehr gerne mochten, wußten wir, daß er Grund zur Klage hatte, und es war nicht gerade schön, das zu hören. Die Männer gaben ihm recht, und eigentlich legte außer Tante Kate niemand ein gutes Wort für Christopher und Christina ein. Diese Frau wurde mit allen ihren Ungezogenheiten fertig und fand immer neue Entschuldigungen für sie. Wenn sie mit ihr allein waren, gab es keine Szenen, keine Tränen, keine Missetaten. Das brachte mich auf. Was hatte diese alte Frau nur, was mir fehlte? Jedenfalls gibt niemand gerne zu, daß er scheitert, und ich freute mich, die Kinder und alle Klagen zurücklassen zu können.

Wir gingen zu der Einweisung und kehrten leicht entsetzt über die Aufgabe, die wir übernommen hatten, zurück. Wir kamen mit großen teuren Formularen beladen nach Hause, die um jeden Preis gehütet werden mußten und nicht gefaltet werden durften, da sie von einem Computer bearbeitet wurden. Es fand sich ungefähr ein Dutzend Frauen dort zusammen, aber die meisten hatten diese Art von Arbeit schon einmal gemacht und kannten sich aus. Der Mann, der uns einwies, nahm alles sehr ernst und gab uns viele Verhaltensmaßregeln. Er sprach viel über das notwendige Taktgefühl, das richtige Vorgehen und alle möglichen Dinge, an die wir nie gedacht hätten. »Tragen sie keine grellen Farben oder auffallende Kleider. Die Leute haben mehr Vertrauen zu Ihnen, wenn Sie schlicht angezogen sind.«

Wir mußten versuchen, möglichst dieselbe Anzahl Männer und Frauen zu befragen. Das bedeutete, daß man die richtige Zeit wählen mußte, nach sieben Uhr abends, wenn der Herr des Hauses schon zu Abend gegessen hatte und friedlich gestimmt war, oder Sonntag morgens ganz früh, bevor er zum Fußball oder zum Golfspiel gegangen war. »Alles hängt von dem ersten Eindruck ab, den Sie machen, wenn die Tür geöffnet wird«. Das klang ziemlich beängstigend, und ich spürte, daß wir etwas übernommen hatten, das unsere Kräfte überstieg.

Aber Larry war guter Dinge. Sie war sicher, daß alle Leute nett sein würden, daß es niemand etwas ausmachen würde, vorzurechnen, wieviel sie für Haarfärben oder Bier ausgaben, daß wir alle möglichen Leute kennenlernen und pausenlos Tee trinken würden und eine lustige Zeit hätten.

»Und Kate sagt, daß sie deine kleinen Lieblinge zu uns nimmt, so können wir beide vergessen, daß wir aufopfernde Mütter von teuflischen Kindern sind«, schloß sie.

Das war kaum eine Übertreibung, denn die Kinder hatten uns in den letzten Wochen fast bis zum Wahnsinn getrieben. Sie waren immer ungezogen gewesen, aber trotzdem liebenswert; jetzt konnte jedoch außer Tante Kate kaum noch jemand etwas Liebenswertes an ihnen finden.

»Ich glaube, sie machen einfach eine schlechte Phase durch«, sagte ich unglücklich.

»Das war die Klage der Mütter zu allen Zeiten. Sie beginnen damit, wenn das Windelwaschen sie fertigmacht, fahren fort, wenn das Kind zwei Jahre alt ist und nie tun will, was es tun soll, dann spielen sie hoffnungsvoll diese Leier, wenn es zum Teenager wird und völlig unausstehlich ist. Ich glaube, es hört auf, wenn der Vater sie dankbar zum Altar führt und das Versprechen hört, nun jemand anderem zur Last zu fallen. Offensichtlich haben unsere Kinder das Teenager-Stadium ziemlich früh erreicht; jedenfalls sind sie eine Plage. Aber wir wollen sie vergessen. Wir werden viel Spaß haben.«

Es war eigentlich schade, daß wir beide Autos nehmen mußten, aber unsere Straßen lagen zu weit auseinander, als daß wir hätten zusammenarbeiten können. Wir hatten beschlossen, erst die Interviews in der Stadt zu machen, weil sie wahrscheinlich schwieriger sein würden. Ich brachte die Kinder früh zu Larry, um sie Tante Kate anzuvertrauen, und als wir zu unseren Autos gingen, sagte ich: »Was würden wir ohne sie tun?«

»Weiß ich auch nicht, aber damit werden wir uns bald beschäftigen müssen. Kate möchte ihr eigenes Heim haben, und das nehme ich ihr nicht übel. Stell dir vor, wenn man warten muß, bis man sechzig ist! Ich hoffe nur, daß sie nicht weit wegzieht. Ich möchte sie nicht aus den Augen verlieren.«

Wir machten uns auf den Weg, und sobald ich Larry verlassen hatte, sank mein Mut. Mir fielen Kates Worte ein: »Natürlich macht es mir Spaß, die Kinder zu nehmen, aber ich finde die ganze Sache nicht gut. Das ist einfach vorwitzig. Was geht es euch an, was die Leute für Hautcreme oder für Bier ausgeben?«

Wir wiederholten schüchtern, daß die Formulare keine Namen, sondern nur Zahlen tragen würden. Die Leute konnten sicher sein, daß die ganze Umfrage völlig anonym blieb; aber das versöhnte sie nicht. »Ich wäre erstaunt, wenn sie euch nicht freundlich 'rauswerfen würden«, sagte sie, was uns nicht gerade ermutigte.

Die Männer waren auch nicht begeistert gewesen. »Ich kann mich nicht mit dem Gedanken anfreunden, daß meine Frau bei den Leuten an die Tür klopft und nach ihren privaten Angelegenheiten fragt, und das alles nur wegen ein paar Dollar.« So Paul, und natürlich wurde er darin von Sam bestärkt.

»Na ja, ich glaube, ihr Mädchen haltet es für lustig, aber es wird euch nicht gefallen, wenn die Leute unfreundlich sind und sich weigern zu antworten, und das werden viele von ihnen tun. Das sind zwei äußerst heikle Themen.«

Aber Larry ließ sich nicht entmutigen. »Unsinn. Wir haben Frauen getroffen, die diese Umfragen schon gemacht haben und ganz guten Erfolg dabei hatten. Nicht schlecht, aber auch nicht überwältigend. Es sollte mich erstaunen, wenn Susan und ich das nicht ebenso gut könnten«, und sie wettete schnell mit jedem der Männer einen Dollar, daß wir bei unseren ersten zwanzig Interviews nicht mehr als einmal 'rausgeschmissen würden.

Wir hatten verabredet, uns vor der Abfahrt zum Mittagessen in einem kleinen Lokal zu treffen. Die Straße, die man uns zugeteilt hatte, war sehr lang und wahrscheinlich deshalb ausgewählt worden, weil sie am Anfang zwar mit Häusern der Mittelklasse begann, am Ende jedoch in bescheidene Hütten und vernachlässigte alte Häuser überging. Meine erste Hausnummer war eines der teuer aussehenden Häuser, und ich zögerte am Gartentor. Sollte ich die vordere Türe nehmen oder hinten herum gehen? Unser Lehrmeister hatte gesagt: »Das ist etwas, was Sie selbst entscheiden müssen. Manche Leute meinen, ein Interviewer sollte die Hintertür nehmen wie ein Vertreter; andere sind beleidigt, wenn man annimmt, daß sie in der Küche leben, und finden es besser, wenn sie die vordere Haustüre nehmen. Das ist ein schwieriger Punkt.« Mir schien es nur einer von vielen zu sein.

Ich beschloß, zur Hintertür dieses Hauses zu gehen. Es sah ziemlich aufwendig aus, und es war wohl am besten, bescheiden aufzutreten. Als ich an der Tür anklopfte, herrschte für einen Augenblick Schweigen, dann machte ein Mann auf. Er blickte mich ziemlich feindselig an und sagte kurz: »Wir kaufen nichts an der Haustüre«, und schon wollte er sie wieder zumachen.

Ich sagte schnell: »Bitte warten Sie einen Moment. Ich

möchte nichts verkaufen. Ich wollte nur fragen, ob sie mir – mir – mir vielleicht helfen könnten.«

Er sah mich liebenswürdiger an und öffnete die Türe wieder.

»Was ist passiert? Haben Sie sich verirrt?«

»Nein, das nicht. Ich wollte eigentlich – eigentlich nur ein paar Fragen stellen.«

Das klang schrecklich vorwitzig, wie Tante Kate sagen würde.

»Worüber?«

»Nun, es handelt sich um eine dieser Umfragen für die Erstellung von Statistiken. Ihr Name wird nicht angegeben. Nur eine Zahl.«

»Schon wieder so ein verfluchtes Ding. Was ist es denn diesmal? Waschpulver, oder ob wir Vögel halten, und womit wir sie füttern?«

Ich lächelte verzagt. »Nein – schlimmer.«

Er sah ziemlich belustigt aus. »Klingt interessant. Na ja, Sie kommen wohl besser 'rein. Wenn Sie unsere Sünden ausfindig machen wollen, wird es nicht so schnell gehen.«

Er führte mich in eine sehr ordentliche Küche und forderte mich auf, am Tisch Platz zu nehmen. Als er meinen Aktenkoffer voller Papiere sah, pfiff er durch die Zähne: »Ich bekomme langsam Angst. Ich werde wohl besser meine Frau rufen. Sie zieht sich gerade an. Sagen Sie mir zuerst, um was es diesmal geht?«

Ich schluckte. »Um Schönheitsmittel und Spirituosen.«

Zu meiner Erleichterung lachte er aus vollem Hals. »Was für zwei heikle Themen!« Dann rief er seine Frau.

Sie war sehr nett, jedoch etwas darüber verärgert, daß sie nach ihren Ausgaben für Schönheitsmittel gefragt wurde.

»Ist denn heute nichts mehr eine private Angelegenheit? Warum übernimmt so ein nettes Mädchen wie Sie eine solche Arbeit?«

Es war wohl am besten, ehrlich zu sein. »Wegen des Geldes«, sagte ich. »Wir haben eine kleine Schaffarm, und es geht uns nicht allzu gut ... Wenn Sie es sehr schlimm finden, gehe ich natürlich sofort wieder.«

Sie war versöhnlicher geworden und sagte: »Nein, das ist schon in Ordnung. Setzen Sie sich. Bert, du mußt hinausgehen, während ich meine Geheimnisse erzähle. Ich werde bei dir dasselbe tun.«

Er lachte und erklärte sich einverstanden. Sie waren ein freundliches, gutmütiges Paar, sie antwortete mir bereitwillig, welchen Creme, Puder, Shampoo, Haarfärbemittel (›Spülung‹ genannt) sie verwendete, und so weiter. Es war alles viel teurer, als ich mir vorgestellt hatte, aber es war nicht annähernd soviel wie die Ausgaben ihres Mannes für Getränke. Als er mit seinen Antworten fertig war, kam sie zurück und sagte liebenswürdig: »Ich glaube nicht, daß das alles allein auf Berts Konto geht. Ich trinke auch gern etwas, und vor dem Abendessen nehmen wir immer noch ein oder zwei Drinks. Schließlich müssen wir beide schwer arbeiten und haben ein Recht darauf.«

Ich stimmte ihnen zu und zögerte dann. Ich war auf einige sehr heikle Fragen über Alter und Einkommen gestoßen. Beides ließ eine weite Spanne. Keine genauen Einzelheiten, nur verschiedene Einkommensgruppen, die mit 2000 $ und weniger begannen und bis zu 10000 $ und darüber gingen. Aber in einigen Haushalten könnte es Schwierigkeiten geben, wo der Mann den genauen Betrag seines Einkommens vor seiner Frau geheimhielt. Hier stellte sich das Problem nicht.

Eigentlich auch nicht bezüglich des Alters. Hier reichten die Gruppen von zwanzig bis fünfunddreißig, dann bis fünfzig und darüber. Der Mann gab offen zu, sechsunddreißig zu sein, und seine Frau lachte und sagte: »Mich tragen wir in die zwanzig bis dreißiger Gruppe ein, mein Schatz, ohne weitere Einzelheiten.« Ihr Mann, der sie offensichtlich sehr liebte, sagte warmherzig: »Jedenfalls siehst du nicht älter aus als fünfundzwanzig. Vielleicht liegt das zum Teil an all den kleinen Töpfchen, von denen du dieser jungen Dame berichtet hast; wenn das stimmt, dann mach nur weiter so. Ein Mann mag es, wenn seine Frau gut aussieht.«

Sie waren ein nettes Paar, und ich verließ sie mit dem Gedanken, daß die Arbeit eigentlich nicht so schlecht war, wenn ich viele solche Ehepaare traf. Aber schon im nächsten Haus hatte ich Pech. Die Frau hatte ihre Haare aufgedreht und war offensichtlich verärgert, überrascht zu werden. Als sie die Tür öffnete und ich mein Anliegen vorbrachte, sagte sie: »Zum Teufel mit diesen Umfragen. Es gibt heute überhaupt kein Privatleben mehr.«

Ich erinnerte mich an das, was man mir gesagt hatte, nahm sofort meinen Aktenkoffer und sagte freundlich: »Entschuldigen Sie die Störung. Ich gehe wieder«, dann wollte ich ihr den Rücken kehren. Jetzt sah ich, wie sich der Vorhang in dem Haus bewegte, das ich gerade verlassen hatte, und ich winkte schnell und freundlich, was die Frau sofort bemerkte. Ich sagte: »Ist schon gut. Ich habe nur Mrs. Watson gewinkt. Sie waren so nett und hilfsbereit, und ich habe sie am Fenster gesehen.«

Die Frau hielt inne, blickte böse zum anderen Haus hinüber und sagte: »Sie liegt wie immer auf der Lauer. Sie wird sehen, wenn Sie weggehen, und denken, ich hätte etwas zu verbergen. Kommen Sie also besser ’rein. Aber mein Mann wird nicht begeistert sein. Ich warne Sie. Er sagt, wir hätten heutzutage keine demokratischen Rechte mehr.«

Ich schlich ins Haus und fühlte mich ziemlich nervös. Ich dachte, er würde noch weniger begeistert sein, wenn er herausfand, daß ich ihn über sein demokratisches Recht ausfragen würde, soviel Geld für Alkohol auszugeben wie er wollte.

Insgesamt verlief das Interview gar nicht so schlecht. Ich war sicher, daß die Frau nicht ganz ehrlich sagte, was sie für ihr ziemlich reizloses Gesicht ausgab, aber der Mann war ganz anders, als sie mir angedeutet hatte, ein sanftmütiger kleiner Mann, der ganz freundlich war und gern alberne, persönliche Anspielungen machte, die seine Frau in Wut versetzten. Aber ich überstand es ganz gut, wenn auch die Freundlichkeit des vorhergehenden Interviews fehlte, und ich ging zum nächsten Haus.

»Da werden Sie nicht viel Glück haben«, sagte die Frau, als sie mich verabschiedete. »Arm wie eine Kirchenmaus«, was mich zu der Antwort verleitete, daß wir dann etwas gemeinsam hätten.

Es war ein völliger Gegensatz; ein kleines, sauberes, ordentliches Haus in einem kleinen, aber sehr gepflegten Garten. Die Frau, die mir öffnete, war Engländerin und ausgesprochen reizend. Ohne zu zögern, führte sie mich in ihr kleines, jedoch herrlich möbliertes Wohnzimmer und bestand darauf, daß ich eine gute Tasse Kaffee aus der Kanne trank, die sie soeben aufgeschüttet hatte. Wenn sie auch sehr arm war, so war sie hochgebildet. Sie erzählte mir, daß sie Keramik herstelle und so ihr Einkommen etwas aufbessere: »Ich habe Brot und Butter, aber die Keramikarbeiten sorgen für die Marmelade darauf.« Sie zeigte mir ihren Brennofen und einige Stücke ihrer Arbeit. Sie waren hübsch, darum kaufte ich mir einen kleinen Krug. Da ich mir nicht mehr leisten konnte, ertappte ich mich dabei, daß ich ihr vertrauliche Dinge erzählte, über die niedrigen Preise, über die Kinder, die zur Schule geschickt werden mußten, und so weiter. Sie war sehr verständnisvoll, ohne zu mitleidig zu sein, und wir freuten uns beide über unser Gespräch. Jetzt holte ich die dummen Formulare hervor, und sie gab mir alle Auskünfte, die sie mir geben konnte.

»Ich fürchte, das wird Ihnen nicht viel helfen, denn ich gebe sehr wenig für mein Make-up aus, und seit mein Mann gestorben ist, kaufe ich nur gelegentlich eine Flasche Sherry, wenn ich Freunde erwarte.«

Ich sagte, das würde nichts ausmachen, sie solle mir die Angaben machen, die sie machen könne, dann trennten wir uns voller Bedauern und versprachen, uns wiederzusehen.

Inzwischen arbeitete ich mich die Straße hinunter bis zu dem ärmeren Viertel, und das nächste Haus, an dem ich anklopfte, war unordentlich und verkommen. Ich hatte einige Mühe, bis ich gehört wurde, und ich hoffte, daß nicht alles ausgeflogen war. Schließlich hörte ich Schritte, ein müder unrasierter Mann machte die Tür auf, der mit weit offenem Mund gähnte. Aber er sah freundlich aus und versuchte nicht, mir die Tür vor der Nase zuzuschlagen, als ich ihm meinen Auftrag erklärte. Statt dessen war er ganz herzlich und lachte, als er hörte, daß ich etwas über Alkohol erfahren wollte. »Kommen Sie 'rein, meine Liebe. Hier sind Sie am richtigen Ort. Über die Trinkerei kann ich Ihnen viel erzählen und über das Make-up auch.«

Dann erklärte er, daß sie gestern abend ›eine kleine Party‹ hatten und die Küche deshalb so unordentlich war. »Ich glaube kaum, daß es in dem anderen Zimmer viel besser aussieht, aber kommen Sie mit.« Es sah nicht besser aus, aber das störte mich nicht, weil der Mann so nett war.

»Ich werde meine Frau aus dem Bett werfen«, sagte er. »Sie schnarcht noch. Die Party war erst gegen sieben Uhr zu Ende, und sie ist noch völlig tot.«

Es gelang ihm jedoch, sie zu wecken, und inzwischen gab er mir ganz bereitwillig einige sehr erstaunliche Zahlen an. Er erzählte mir alles über ihren Alkoholverbrauch, die Marken, die sie bevorzugten, und den Betrag, den sie ausgaben. Ich tat mein Bestes, um keine Überraschung zu zeigen, aber als ich ihn bat, eine Zahl zu wiederholen, sagte er abwehrend: »Sie sind schokkiert, nicht wahr? Aber warum nicht? Wir arbeiten beide. Wir zahlen unsere Rechnungen. Wir haben keine Kinder, warum sollten wir uns nicht vergnügen? Wofür sollten wir unser Geld sonst ausgeben? Ich zahle genug Steuern an diesen verdammten Wohlfahrtsstaat, und ich erwarte, daß er mich unterstützen kann, wenn ich alt bin.«

Ich sagte, das sei eine sehr vernünftige Auffassung, und war nur froh, daß Paul mich nicht hören konnte. In diesem Augenblick kam seine Frau herein; sie war hübsch, leicht mollig, aber trotzdem noch attraktiv und eigentlich ganz guter Laune, wenn man bedachte, daß ich sie aus ihrem wohlverdienten Schlaf geholt hatte. Sie war genauso liebenswürdig wie ihr Mann und meinte, sie müsse unbedingt einen Schluck nehmen, bevor sie meine Fragen beantwortete, was sie dann auch tat. Obwohl sie mich drängte, trank ich nicht mit ihnen, denn ich war ziemlich entsetzt, daß man mir zum erstenmal um zehn Uhr morgens Alkohol anbot. Sie waren wohl ein ziemlich leichtsinniges Paar und in ihrer Lebensauffassung etwas schockierend, aber ich mochte sie.

Der nächste Besuch verlief ganz anders. Der Mann, der die Tür öffnete, hatte ein schmales, fanatisches Gesicht und machte eine saure Miene. Er war nicht gewillt, mich hereinzulassen, und ich wollte gerade gehen, als seine Frau hinter ihm sprach. »Oh, Robert, laß die Dame herein. Sie kann nichts dafür, daß sie diese Arbeit machen muß, und wir werden sie nicht lange aufhalten.«

Das taten sie auch nicht. Der Mann war ein leidenschaftlicher Abstinenzler und gehörte irgendeiner sehr strengen Sekte an, die sowohl Alkohol als auch Make-up verbot. Ich füllte schnell mein Formular aus und war froh, wieder gehen zu können. Sie war eine hübsche. etwas ängstlich aussehende Frau, die mich bis zum Gartentor brachte und sich für die Unfreundlichkeit ihres Mannes entschuldigte.

»Sehen Sie, er ist so sehr gegen jeden Alkohol, daß er glaubt, Sie seien eine von den anderen. Als stünden Sie auf ihrer Seite, nur weil Sie Fragen darüber stellen.«

Ich lachte. »Das stimmt nicht. Ich bin zwar nicht gegen Alkohol, aber ich finde es schade, soviel Geld dafür auszugeben. Diese Umfrage mache ich jedoch nur, um Geld zu verdienen.«

»Das werde ich ihm sagen . . . Und wie ist es mit den Schönheitsmitteln?« In ihrer Stimme lag etwas Wehmut, und ich dachte, wieviel hübscher sie doch mit etwas Make-up sein könnte.

»Halten Sie auch nichts davon?« fragte ich. »Sie haben mir gesagt, daß Sie nur Reinigungscreme und Puder benutzen. Ist das wirklich alles?«

Jetzt waren wir am Gartentor angekommen. Sie blickte sich um, um sicher zu sein, daß wir außer Hörweite waren, und dann nickte sie unglücklich. »Ja, das ist alles. Er gibt mir für nichts anderes Geld. Manchmal wünsche ich, ich hätte einen Lippenstift. Andere Frauen sehen so nett damit aus.«

Spontan griff ich in meine Handtasche. »Hier, nehmen Sie diesen. Bitte. Ich habe noch einen anderen, und es ist genau die richtige Farbe für Sie. Benutzen Sie ihn, wenn er weg ist und Sie Ihre Freunde besuchen. Sie sind hübsch. Sie sollten das Beste aus sich machen.«

Sie zögerte einen Augenblick und steckte dann den Lippenstift tief in ihre Schürzentasche. »Vielen herzlichen Dank. Es wird schön sein, wie andere Leute auszusehen. Sie sind sehr nett«, und mit diesen Worten drehte sie sich um und eilte zum Haus zurück.

Jetzt hatte ich das ärmere Ende der Straße erreicht, und als ich an die nächste Tür klopfte, bekam ich ein fröhliches »Nur hereinspaziert« zur Antwort. Das machte mir Mut. Wahrscheinlich war es ein Maori-Haus, denn das ist die gewohnte Antwort auf ein Klopfen. Wenn das stimmte, würden sie höflich und freundlich sein. In der sauberen warmen Küche war eine dicke, liebenswürdige Maorifrau. Sie war ganz erfreut über die Umfrage und machte sich wirklich gründlich an die Arbeit. Mit ihrem Alter gab es keine Schwierigkeiten; sie gehörte zu der Gruppe zwischen fünfunddreißig und fünfzig, aber sie schien etwas besorgt zu sein, weil das nach Betrug klang. Sie war in Wirklichkeit siebenundvierzig. Sie lachte fröhlich über die Schönheitsmittel und hatte nicht viele Angaben zu machen. Über den Alokohol ließ sie sich etwas genauer aus, obwohl der dafür ausgegebene Betrag sehr bescheiden war. Die Höhe ihres Einkommens erstaunte mich, denn ich dachte, der Mann müßte einen guten Lohn bekommen. Das ist heute bei den meisten Maoris so. Dann kamen wir zu der Frage des Alters ihres Mannes, und ich deutete vorsichtig an, daß es wohl besser sei, wenn ich persönlich mit ihm sprechen würde. Das tat sie mit einer Handbewegung ab und begann mit komplizierten Berechnungen seiner Altersgruppe.

»Warten Sie mal . . . Johnny war zwanzig, als wir unsere erste Tochter bekamen, und sie ist schon lange verheiratet und hat fünf Kinder. Wie alt sind die Kinder jetzt? . . . Das kleine Mädchen ist elf und Rewi fast neun – so ein braver Junge und gut in der Schule . . .«

So ging es immer weiter. Das Ehepaar hatte in siebzehn Jahren neun Kinder bekommen, fast alle waren schon erwachsen, viele hatten selbst Kinder. Aufgrund des Alters dieser Kinder war es auf geheimnisvolle Art und Weise möglich, Johnnys Alter herauszukriegen, aber es dauerte lange, und wir schienen nicht viel weiterzukommen. Schließlich sah ich mich gezwungen, den Vorschlag zu machen, es sei vielleicht doch besser, Johnny selbst zu fragen, worauf sie fröhlich lachte und sagte: »Aber er ist vor fünf Jahren gestorben«, und als ich wohl ein leicht verwundertes Gesicht machte, fügte sie freundlich hinzu: »Kein Grund zur Beunruhigung. Jetzt trinken wir eine gute Tasse Tee«, und das taten wir.

Nur ein einziges Interview unterschied sich noch wesentlich von den anderen. Insgesamt waren eigentlich alle ziemlich freundlich, obwohl ich glaube, daß manche mich lästig gefunden haben. Als ich zu dem letzten Haus in der Straße kam, wurde die Tür von einer Frau mit einem abgespannten Gesicht und einer sanften Art geöffnet. Sie sagte: »Oh ja, ich kenne diese Umfragen«, und sie führte mich in ein fast leeres Zimmer ohne Teppiche und mit verblichenen Tapeten. Offensichtlich war es ein sehr armer Haushalt, und ich fühlte mich als Eindringling.

»Worum geht es denn? Ich habe schon einige Umfragen hinter mir, aber wahrscheinlich sind sie notwendig.«

»Diese Umfrage betrifft leider ziemlich persönliche Dinge«, begann ich und erklärte ihr die Sache. Sie hörte ruhig zu und sagte dann: »Ich kann Ihnen leicht angeben, was ich für Makeup ausgebe, denn es ist so wenig. Ich fürchte, ich werde Ihnen nicht viel nützen können.«

Sie gab mir einige Zahlen, und dann stutzte ich. »Wie ist es mit dem Alkohol?« begann ich, und es war mir irgendwie unangenehm, obwohl ich nicht wußte, warum.

Sie sagte ruhig: »Ich fürchte, ich muß versuchen, Ihnen selbst einige Zahlen zu geben. Mein Mann schläft.«

Ich glaubte, daß er eine Nachtschicht hinter sich hatte, wenn er um elf Uhr schlief, und schlug vor, später noch einmal vorbeizukommen, aber sie sagte: »Leider würde das nichts nützen, denn er wird den ganzen Tag schlafen. Nein, Sie brauchen nicht verlegen zu werden. Es ist albern von mir, nicht gleich zu sagen, daß mein Mann ein Alkoholiker ist und gerade seine Trinkphase hat.«

Ich fühlte mich schrecklich, denn ich schien in eine Tragödie eingedrungen zu sein. Ich sammelte meine Papiere unter Entschuldigungen wieder ein, aber sie sagte: »Nein, das ist schon in Ordnung. Ich versuche nicht, es zu verbergen. Einen Alkoholiker darf man nicht in Schutz nehmen, wissen Sie. Haben Sie schon einmal etwas darüber gelesen?«

Ich sagte, ich hätte ein bißchen was darüber gelesen und wisse, daß es eine Krankheit sei und als solche anerkannt werde.

»Ja, ich bin froh, daß Sie es verstehen. Stephen tut sein Bestes. Er hat eine Entziehungskur gemacht, und es ist schon viel besser. Ab und zu rutscht er noch einmal aus, aber es wird immer seltener.« Voller Mitgefühl fragte ich: »Wie werden Sie damit fertig?«

»Das habe ich gelernt. Al Anon, der Zweig der Antialkoholikerliga, der den Frauen und Familien von Trinkern hilft, hat mich sehr unterstützt. Ich habe gelernt, ihn in Ruhe zu lassen, nicht zu betteln oder zu nörgeln. Dadurch ist es so viel besser geworden, und ich weiß, es wird eines Tages gut werden. Sehen Sie, es ist nicht so schwierig, denn wir bemühen uns beide sehr.«

Ich fühlte einen Kloß in der Kehle; sie war so tapfer und so ruhig. Plötzlich sagte sie lebhaft: »Ich glaube, ich kann Ihnen ungefähre Zahlen geben. Natürlich kann ich mein Alter, auch das von Stephen und unser Einkommen ausfüllen. Ich arbeite auch«, und sie gab mir eine Zahl an, die so hoch war, daß sie mich überraschte. Dann kam die schwierigere Frage, die ich einfach nicht stellen konnte. Aber sie sagte ruhig: »Was wir für Alkohol ausgeben? Das ist nicht schwierig, denn ich habe unsere Monatsrechnungen, die wir an das Gasthaus bezahlen, und danach können wir es ausrechnen.« Wir kamen auf eine Gesamtsumme, die mich erstaunte. Kein Wunder, daß trotz ihrer guten doppelten Einkommen Haus und Einrichtung so ärmlich waren.

Sie lächelte und sagte: »Machen Sie kein so trauriges Gesicht. Trotz einiger Tage, an denen mein Mann nicht arbeiten kann, ist es ihm gelungen, seine Stellung zu behalten. Er ist gut, wissen Sie, und sein Chef hat soviel Verständnis. Er kennt den Alkoholismus ganz genau, denn er ist selbst Alkoholiker, obwohl er seit fünfzehn Jahren nichts mehr getrunken hat. Er hilft Stephen, macht Zugeständnisse und ist verständnisvoll. Oh, es wird wieder gut werden«, dann verabschiedete sie sich sehr freundlich von mir und wünschte mir noch viel Glück für den Rest der Umfrage.

Und ich? Ich war nicht annähernd so beherrscht wie sie. Ich kehrte zu meinem Auto zurück, fuhr an einen einsamen Ort und weinte mich richtig aus. Ich hatte einen solchen Fall noch nie erlebt, und seine Tragik rührte mich zutiefst.

Als ich mich erholt und mein Gesicht wieder hergerichtet

hatte, war es Zeit, Larry in der Milchbar zu treffen. Sie sah mich scharf an und fragte: »Na, Susan, was ist passiert? Du hast mit irgend jemandem eine traurige Geschichte beweint.«

Aber als ich ihr von der Frau erzählte, war sie eine Minute lang still und sagte dann: »So ein Unglück. Für sie, meine ich. Für ihn wahrscheinlich auch. Und natürlich für dich, weil du gerade auf so etwas stoßen mußtest. Ich habe einen lustigen Vormittag gehabt.«

»Wie wäre es mit dem Mittagessen? Bist du fertig?«

»Nur noch ein Haus muß ich besuchen. Wie wäre es, wenn du mich hinfährst und auf mich wartest?«

Ich erklärte mich einverstanden und war später froh darüber, denn so konnte ich die Methoden meiner Freundin und ihre ›lustige Zeit‹ erleben.

7

Larry ging auf ein großes Haus mit einem schönen Garten zu, aber als sie das Grundstück betrat, bellte sie ein großer Schäferhund mit gesträubtem Fell an. Larry ließ sich überhaupt nicht aus der Ruhe bringen; sie sagte etwas – ich bin sicher, daß die Tiere eine eigene Sprache haben und daß Larry sie sprechen kann – und schon glätteten sich die Haare, und das Bellen hörte auf. Dann streckte sie die Hand aus, damit er sie beschnüffeln konnte, wozu er sich auch herabließ, und dann begann er mit dem Schwanz zu wedeln. In der nächsten Minute kniete sie auf dem Rasen und plauderte ganz vertraut mit ihm.

Ich war überzeugt, daß sie es nun geschafft hatte, und schloß die Wagentür, dankbar, daß ich ihr nicht zur Hilfe hatte eilen müssen. Es folgte jedoch Schlimmeres, denn die Haustür wurde aufgerissen, und ein mindestens so wild wie der Schäferhund aussehender Mann stürzte hinaus. Statt sich zu freuen, daß Larry seinen Hund erobert hatte, brüllte er: »Was füttern Sie meinen Hund? Bestimmt Gift. Sie haben also die Hunde hier in der Gegend vergiftet. Ich rufe sofort die Polizei an.«

Der Hund hatte sich umgesehen, als er seine Stimme hörte; jetzt wandte er sich wieder Larry zu. Das schien den Mann in äußerste Wut zu versetzen, und er schrie: »Erzählen Sie mir nicht, daß Sie ihm nichts gegeben haben. Dieser Hund läßt niemanden an sich heran. Sie haben Ihr scheußliches Gift in einem Stück Fleisch versteckt.«

Larry stand völlig unerschrocken auf. »Seien Sie doch nicht albern. Ich habe Ihren Hund natürlich nicht vergiftet. Viel lieber würde ich Sie vergiften.«

Der Mann wurde heftig, hörte aber zumindest auf zu brüllen. Er sagte: »Was soll denn das bedeuten?«

»Genau, was ich sagte. Ich meine, daß ich lieber die meisten Männer als einen Hund vergiften würde, und Ihr Hund ist viel netter als Sie. Außerdem mag ich Hunde ohnehin lieber als Menschen, und sehr viel lieber als Menschen wie Sie.«

Er starrte sie an, wurde aber ruhiger und versuchte, das zu verdauen. Aber er war noch immer unfreundlich. »Na ja, ich gebe zu, daß Sie Glück bei Hunden haben, das ist jedoch kein Grund, mein Grundstück zu betreten.«

»Ich bin nur wegen einer Umfrage hier«, begann Larry, aber er unterbrach sie.

»Noch so eine verdammte Umfrage . . . Letzte Woche hat mich jemand über Elektrogeräte ausgefragt. Ich will nichts mit Ihnen zu tun haben.«

Ich hätte die Flucht ergriffen, aber Larry bewegte sich nicht von der Stelle. Sie legte nur dem Hund den Arm um den Hals und sagte: »Aber Ihr Hund wohl. Und außerdem geht es nicht um irgendwelches Werkzeug. Es ist schlimmer.«

Er war verdutzt. »Sie haben Nerven – und was meinen Sie mit ›schlimmer‹?«

»Es kann nicht schaden, gute Nerven zu haben, wenn man jemanden wie Sie trifft«, sagte sie, und ich öffnete die Wagentür. Das konnte der Mann doch nicht hinnehmen. Aber zu meiner Überraschung lachte er und sagte: »Mut imponiert mir. Erst der Hund und dann ich ... Wenn Sie glauben, daß ich Ihnen aus der Hand fresse wie der Hund, dann täuschen Sie sich. Aber kommen Sie 'rein. Ich will wissen, um was es geht.«

Sie verschwanden im Haus, ich schloß die Tür wieder und war froh, daß ich dem Schäferhund nicht begegnen mußte. Ich mag Hunde gern, aber ich spreche nicht ihre Sprache wie Larry.

Zwanzig Minuten später tauchte sie mit einem stolzen Lächeln und einer Tüte Stachelbeeren wieder auf. Mann und Hund begleiteten sie, sie verabschiedeten sich sehr freundlich, und Larry versprach, wiederzukommen. Der Mann lächelte noch immer, als wir wegfuhren. Als wir in unserem Café saßen, sagte ich: »Wie konntest du nur? Dieser gräßliche Mann ...«

»Das war nur Angabe. In Wirklichkeit war er sanft wie ein Lamm.«

»Wie war seine Frau?«

»Nett. Ungefähr einen Meter fünfzig groß und absolut Herr im Haus. Sie nimmt überhaupt keine Notiz von dem, was er sagt, lächelt und meint, daß es eben seine Art sei. Sie entschuldigt sich nicht einmal. Ich mochte sie beide gern, und den Hund fand ich herrlich. Ich hatte großes Glück, heute morgen auf so viele Hunde zu treffen. Das macht den Anfang soviel leichter.«

»Ich finde das nicht besonders leicht, und mir wäre es schrecklich, einem Schäferhund zu begegnen.«

»Ich hatte es nur mit ein paar sanften Spaniels zu tun und ein oder zwei frechen kleinen Terriern. So, jetzt machen wir weiter.« Der Nachmittag war leichter als der Morgen. Ich glaube, wir hatten uns schon daran gewöhnt, an Türen zu klopfen und von Anfang an zu merken, ob es unangenehm oder nett wurde. Insgesamt waren die Leute freundlich und hilfsbereit, sobald sie erfuhren, daß ihre Namen nicht erschienen. Aber sie waren nicht besonders interessant, und als wir uns schließlich nach Hause aufmachten, waren wir müde.

Ich holte meine Kinder bei Larry ab und war dankbar für Tante Kate. Keine Klage, keine Erzählung der Streiche, die sie wahrscheinlich erdacht hatten. Es war genau, wie ich heute schon zu Larry gesagt hatte: »Sie ist phantastisch mit Kindern; mindestens so gut wie du mit Hunden.«

»Da bin ich ganz deiner Meinung, und ich glaube, wenn ich dazu neigen würde, bekäme ich jetzt Minderwertigkeitskomplexe. Glücklicherweise ist das nicht meine Art. Natürlich hat Tante Kate überhaupt kein Gewissen, wenn es um Kinder geht, so werden wir nie erfahren, wie ungezogen sie waren. Ich glaube zwar nicht, daß sie bei ihr so frech sind wie bei anderen, trotzdem sage ich ihr, daß eine Mutter alles erfahren muß.«

»Was sagt sie dazu?«

Larry lachte. »Daß manche Mütter nur mütterliche Gefühle bekommen, wenn sie neugierig sind. Sie sagt einem alles ins Gesicht und hat nicht die geringsten Skrupel. Es ist trotzdem ein Segen zu wissen, daß sie im Bett sind und gegessen haben, wenn wir nach Hause kommen.«

Larrys Kinder waren im Bett und meine abreisefertig. Ich packte sie ins Auto und fuhr dankbar nach Hause. Tony war da. Sie und Paul waren voller Interesse und Mitgefühl, aber Christopher, für dessen Schuhe ich mich geopfert hatte, äußerte nur den Wunsch, die Nacht bei Tante Kate zu verbringen ... Ein Glück, daß ich ebensowenig zur Eifersucht wie Larry zu Minderwertigkeitskomplexen neigte. Paul sagte: »Du bist völlig fertig. Du siehst schlimm aus« – wie immer eine schmeichelhafte Bemerkung. Als er meinen kühlen Blick sah, fuhr er schnell fort: »Es ist nicht richtig, daß du dich so anstrengst. Warum solltest du bei den Leuten an die Hintertür klopfen und dich unfreundlich behandeln lassen?«

»Sie waren nicht unfreundlich. Manche waren am Anfang etwas zurückhaltend, aber nur einer war unverschämt. Er meinte, Alkohol sei die Hölle und ich eine seiner Vorboten«, und ich erzählte ihm von diesem Haushalt und der armen Frau, die sich nach Kosmetikmitteln sehnte. »Was kannst du anderes von einem Burschen erwarten, der sich nicht mal einen genehmigt?« fragte Paul unlogisch. »Aber du hast den Winter über hart gearbeitet; du hast jetzt eine Pause verdient.«

»Und das in meinem Alter«, lachte ich und fügte schnell hinzu: »Liebling, es ist nicht deine Schuld. Du kannst doch nichts dafür, daß es gerade dann kaum Wolle gibt, wenn Christopher zur Schule gehen muß. Es ist einfach Pech. Wir wollen es hinnehmen und darüber lachen, wie wir es in der guten alten Zeit getan haben, von der du so gern sprichst. Wenn es dir nichts ausmacht, ist es mir auch egal.«

Seine Antwort war völlig zufriedenstellend, ich sank ins Bett und überließ ihm und Tony auf ihr ernsthaftes Bitten das Spülen. Wie man uns schon angekündigt hatte, blieb uns zu Hause noch viel Arbeit mit den Formularen, und erst nach mehreren Tagen machten wir uns wieder auf, diesmal in die verschiedenen Landbezirke. Larry sagte fröhlich: »Das wird viel einfacher. Bei den Leuten vom Land wissen wir, wo wir dran sind«; aber Tante Kate sagte mißtrauisch, sie hoffe, wir würden nicht 'rausgeschmissen, wie sie es machen würde, wenn ihr irgend jemand unverschämte Fragen stellte.

Der Gedanke an Miss Fletschers Reaktion, wenn jemand an ihre Tür klopfte, um nach ihren Ausgaben für Schönheitsmittel und Spirituosen zu fragen, belustigte uns beide.

Wieder hatten wir unterschiedliche Bezirke, aber wir nahmen Thermosflaschen mit und verabredeten uns zu einem Picknick um die Mittagszeit, damit wir Erfahrungen austauschen konnten.

Larry sagte: »Da Sonntag ist, müßten wir die meisten Männer antreffen. Du weißt, wie die Farmer sind; sie beschäftigen sich sonntags auf der Farm mit allen möglichen Kleinigkeiten und klagen, daß sie nie einen freien Tag haben.«

Weit von unserer Gegend entfernt begann ich mit meinen Besuchen, und das war gut so. Es wäre unangenehmer gewesen, Bekannte nach Alter und Einkommen zu fragen. Fremde mochten einem etwas übelnehmen, aber man konnte immer weglaufen und denken, was für ein Segen es war, daß man die Leute nie wiedersehen würde.

Das erste Haus sah ziemlich nach Wohlstand aus, und die Frau war gut gekleidet. Sie war jedoch nicht gerade begeistert, als ich meinen Auftrag vorbrachte, und so sagte ich sofort: »Sie haben sicher zuviel zu tun, um sich stören zu lassen. Ich gehe wieder.« Aber die Gastfreundschaft auf dem Lande ist berühmt, und sie sagte ziemlich widerwillig: »Nein, bleiben Sie. Aber Sie werden zugeben müssen, daß ziemlich viele von diesen lästigen Umfragen gemacht werden. Ich verstehe überhaupt nicht, warum die Leute bereit sind, sie durchzuführen.«

Das war einfach zu beantworten, und als sie von den Ausgaben für die Schulsachen hörte, bekam sie sofort Mitleid. Auch sie waren Schaffarmer, hatten jedoch das Glück, einen guten Busverkehr zu einer Oberschule zu haben. »Und das ist schon teuer genug«, sagte sie. »Wenn Ihr Junge ins Internat gehen muß, verstehe ich, daß Sie auf jede Weise versuchen, Geld zu verdienen.« Dann fügte sie ernst hinzu: »Trotzdem sind Sie in einer glücklichen Lage, daß Sie die Kinder wegschicken können. Die Gemeindeschulen sind ja gut und schön, aber in diesen Internaten bekommt ein Mädchen einen besonderen Schliff.«

Zufällig war dies ein Thema, zu dem ich eine feste Meinung hatte, und das sagte ich auch. »Ich kenne viele Jungen und Mädchen, die nie woanders in der Schule waren und trotzdem nett sind und gute Freunde und Manieren haben. Ich würde meine Kinder nicht wegschicken, wenn irgendeine Möglichkeit bestünde, sie so zu unterrichten. Zu Hause zu sein ist viel wichtiger, als sie zu einer Schule zu schicken, wo sie Freundschaften schließen, die sie wahrscheinlich später doch nicht aufrechterhalten. Und der Unterricht ist oft genauso gut.«

Danach kamen wir sehr gut vorwärts. Ihr Mann war zu Hause, und beide gaben mir sehr schnell alle gewünschten Auskünfte. Ihre Angaben für beide Posten waren nicht hoch, und sie erklärten, daß sie ihren Verbrauch so weit wie möglich eingeschränkt hätten, seit die Preise so schlecht waren. Ich erzählte ihnen, daß ich in der vorigen Woche eine Umfrage in den Vororten gemacht hatte, und sie waren erstaunt, was die Leute für diese Nebensächlichkeiten ausgaben. Der Mann sagte verbittert: »Leute, die Löhne bekommen, die können es sich leisten. Wir Farmer sind die armen Teufel.«

Auch hiergegen hatte ich eine Abneigung – dieses Gefühl Stadt gegen Land. Aber ich fürchtete, in diesem Jahr der niedrigen Preise lag in dieser Klage ein Körnchen Wahrheit.

Es waren fast alles bessere Häuser, und obwohl überall in gleicher Weise über die schlechten Zeiten geklagt wurde, hatte ich den Eindruck, daß die meisten Farmer ganz gut lebten. Sicher war nicht viel Bargeld vorhanden, und insgesamt lag das Durchschnittseinkommen wohl unter dem eines Städters, aber sie hatten ihr eigenes Fleisch, die eigene Milch und eigenes Gemüse und hielten sich so über Wasser. Die Pächter von Milchfarmen hatte es hart getroffen, denn der Teil ihres Einkommens war stark gefallen, und viele von ihnen zahlten davon Raten ab. Manche zahlten noch für ihre Kühe und konnten sich kaum einen Luxus leisten. Es war vornehmlich ein Molkereibezirk, kleine und erträgliche Milchfarmen mit ungefähr zweihundert Kühen, auf denen Pächter arbeiteten. Mir fiel auf, wie gut und modern ihre Häuser waren, genauso angenehm wie die der Besitzer selbst. Die Zeiten, als Milchpächter sich mit schlechten Wohnungen zufriedenzugeben hatten, waren offensichtlich vorbei.

Trotzdem gab es einige wenige sehr sonderbare Häuser. Diese gehörten meistens den Leuten, die das Land besaßen; kein Milchpächter hätte sich damit abgegeben. Ich bemerkte einige Häuser, wo die Ställe neu und schön waren, die Häuser jedoch alt und ungemütlich. Das erschien mir am Farmer immer als

Zeichen der Selbstsucht und ich war nicht überrascht, einige sehr verbitterte Frauen zu treffen. Sie kämpften sich durch, arbeiteten in schwierigen alten Häusern, während die Männer jede Annehmlichkeit hatten.

»Aber es ist mit allem dasselbe«, sagte mir eine Frau, deren Stimme weinerlich und deren Gesicht unzufrieden war. »Alkohol? O ja, darauf verzichtet er nicht. An jedem Verkaufstag ist er stundenlang in der Kneipe, und abends trinkt er immer etwas.«

Unglücklicherweise kam ihr Mann gerade rechtzeitig, um diese letzte Bemerkung zu hören. Es war ein stattlicher, gutmütiger Mann, freundlich und faul, und er grinste nur. »Nun hör' schon auf, Gwen«, sagte er. »Du weißt, daß du auch dein Glas Sherry bekommst. Und versuche ich je herauszufinden, wieviel du für die Schönheitsmittel ausgibst, nach denen die Dame fragt?«

»Warum solltest du?« erwiderte sie scharf. »Das geht ja nicht aus deiner Tasche. Es wird von meinem Haushaltsgeld bezahlt, und ich kann nur herzlich wenig für mich ausgeben.«

Völlig vernünftig erklärte er, daß das Haushaltsgeld schließlich auch von der Farm komme, aber sie wiederholte nur, daß sie sich zumindest nicht jedesmal vollaufen ließe, wenn sie in die Stadt gehe. Ich unterbrach sie schnell, indem ich ihn schüchtern nach seiner Einkommensgruppe fragte, und sie hörte mit bitterer Miene zu. »Er wird Ihnen nicht die Wahrheit sagen, nicht solange ich hier bin«, sagte sie. Ich wagte ihr vorzuschlagen, sie möchte uns besser allein lassen.

»Dann kann mir Ihr Mann seine Geheimnisse erzählen, und er wird das Zimmer verlassen, wenn Sie mir Ihre anvertrauen.«

Sie willigte ein, und der Mann stand auf, um die Tür hinter ihr zu schließen. Dann blinzelte er mir zu und sagte: »Das dürfen Sie nicht weitererzählen, ich sage Ihnen jetzt, was die Farm einbringt«, und ich hätte fast bemerkt, es sei kein Wunder, daß er sich seinen Alkohol leisten könne und hoffe, er gebe seiner

Frau ein anständiges Taschengeld für sich selbst. Aber das behielt ich natürlich für mich, da ich keinen Missionseifer an den Tag legen wollte. Ich füllte nur ohne Kommentar das Formular aus und hatte noch eine vertrauliche Sitzung mit seiner Frau; dann kehrte ich zum Auto zurück, sehr froh, die Farm verlassen zu können.

Auf einer anderen Farm sagte die Frau ganz freimütig, was sie für ihr Make-up ausgab. Sie war sehr hübsch und sagte, sie gehöre zur Gruppe zwischen fünfunddreißig und fünfzig. Dann wurde sie plötzlich vertraulich und sagte: »Sie sind erstaunt, was ich für Kosmetikmittel ausgebe, nicht wahr? Natürlich ist das bei Ihnen etwas anderes. Sie sind noch jung, aber wenn man fünfunddreißig ist ...«

Ich wußte, daß sie älter war, aber ich sagte schnell: »Davon bin ich nicht mehr weit entfernt. Ich bin zweiunddreißig und habe nie auch nur halb so gut ausgesehen wie Sie. Warum sollte man dann nicht etwas für Kosmetik ausgeben? Bei Ihnen lohnt es sich.«

Sie war davon sehr angetan und noch mehr bereit, mir ihre Geheimnisse anzuvertrauen. »Wenn man natürlich einen jungen Mann heiratet, der noch dazu ...«, und in diesem Augenblick kam ihr Mann herein. Ich verstand sofort, was sie meinte. Er war ein Adonis, mit dem nur schwer mitzuhalten war. Er schien jedoch mit seiner hübschen Frau sehr zufrieden und gab sein Alter – dasselbe wie meines – bereitwillig preis, ebenso sein Einkommen. Sie waren ein sehr nettes Paar, und ich wünschte, ich hätte ihre Kinder sehen können, die leider nicht zu Hause waren. Bei diesen Eltern mußten sie hinreißende Schönheiten sein.

Ich besuchte mehrere Maori-Farmen, und da gefiel es mir am besten. Vermutlich gibt es auch verdrießliche und abweisende Maoris, jedoch wohl eher in der Stadt, wo sie sich nicht heimisch fühlen, aber an diesem Tag traf ich solche nicht. Sie waren nett und gastfreundlich, lachten herzlich über meine Fragen. »Make-up und Alkohol? Das geht nur den Boss an. Ich schminke mich nicht, höchstens ein bißchen Lippenstift, wenn ich in die Stadt gehe. Ein Make-up würde mich auch nicht hübscher machen, und mein Alter mag mich so, wie ich bin, jedenfalls bis jetzt.«

Das war die erste Maori-Frau, und die anderen waren ziemlich ähnlich. Natürlich waren die jüngeren etwas eleganter und benutzten Shampoo und Puder, aber überall kam mir derselbe freundliche Gruß entgegen, wenn ich anklopfte: »Nur hereinspaziert«, und überall traf ich dieselbe Liebenswürdigkeit an. Sie gaben ziemlich viel für Alkohol aus, aber das hatte ich erwartet, seitdem wir ihnen den Genuß gezeigt hatten. Da sie jetzt mehr Geld hatten, waren sie natürlich wie die Kinder und übertrieben es leicht. Aber sie sagten es so fröhlich und waren so nett zu mir. Überall mußte ich mindestens zwei Tassen starken süßen Tee trinken. Als ich das fünfte Maori-Haus verließ, ging es mir nicht mehr sehr gut.

Insgesamt waren ihre Häuser zwar oft genug unordentlich, aber ziemlich sauber und gemütlich. Natürlich liefen überall halbnackte glückliche Kinder herum; überall gingen Tiere ein und aus, ab und zu legte eine Henne ein Ei auf der baufälligen Veranda. Etwas wirklich Abstoßendes gab es jedoch nicht; ihr Lebensstandard war eben anders als jener der Pakehas.

Aber gerade in einem Pakeha-Haus erlebte ich den größten Reinfall. Es war eine Milchfarm, die ziemlich nach Wohlstand aussah, aber das Haus war gräßlich; eigentlich gar nicht so alt, nur vernachlässigt und dreckig. Einen Garten gab es nicht, und ich balancierte vom Gartentor zur Haustür auf Brettern über den Schlamm. Die Kinder, die herauskamen, um mich anzustarren, waren dreckig, hatten Triefnasen und ungekämmtes Haar. Die Frau kann ich nur als Schlampe bezeichnen. Sie hatte um elf Uhr morgens einen verdreckten Morgenrock an und Lockenwickler auf dem Kopf. Sie war liebenswürdig und merkte überhaupt nicht, wie ich auf das Haus, die Kinder und sie selbst reagierte, wofür ich dem Himmel dankte.

Sie hatte offensichtlich massenhaft Zeit, um sich hinzusetzen und lang und breit zu erzählen, was sie für Kosmetikartikel ausgab, und Angaben über ihr erstaunlich hohes Einkommen und ihr Alter zu machen, das auf den ersten Blick als falsch genannt zu erkennen war. Aber sie war freundlich und machte auf dem Küchentisch eine Ecke für meine Papiere und Formulare frei. Ich hatte gerade alles ausgebreitet, als ein heiserer Schrei erklang, weite Flügel aufgeregt flatterten und ein Truthahn auf dem Tisch landete und mich angurrte.

Nun habe ich Truthühner immer gehaßt, seit mich einer als Kind einmal angegriffen hatte. Erschreckt fuhr ich hoch, um mich selbst, aber noch mehr, um meine kostbaren Formulare zu retten, die wegen des Computers auf keinen Fall beschmutzt, ja nicht einmal gefaltet werden durften. Der Vogel bewegte sich nicht, hob nur seinen häßlichen kleinen Kopf und sah mich frei an. Ich fuhr zurück und schlug mit meinen Papieren um mich, wobei die Frau lachte. »Sehen Sie, wie er durch das Fenster gesegelt ist? Ein kluges Tier, nicht wahr? Und ein schöner Vogel«, mit diesen Worten packte sie den Truthahn, der das nicht übelzunehmen schien, aber jetzt leise gurgelnde Geräusche von sich gab, als sie ihn auf das Fensterbrett setzte.

Das war das schlimmste Haus, das ich besuchte, obwohl die Leute freundlich und alles andere als arm waren. Es erstaunte mich, daß sie mit diesem Leben zufrieden zu sein schienen, denn die Farm war eigentlich recht wohlhabend. Ich erschauderte, wenn ich an den Rahm dachte, der aus diesem Stall kam und an nichtsahnende Menschen verkauft wurde, aber Paul war nicht meiner Meinung, als ich ihm das später erzählte. »Ich wette, wenn du den Stall gesehen hättest, hättest du sicher entdeckt, daß er bei weitem sauberer war als das Haus. Du darfst nicht vergessen, daß die Inspektoren immer ein Auge auf die Milchställe haben. Um die Häuser kümmern sie sich da draußen nicht.«

Larry hatte einen herrlichen Tag verlebt. Natürlich viele Tiere, und sie durfte alles besichtigen, von einem Eselbaby bis zu einem Wurf junger Hunde. »Es war eine reine Wonne. Sie waren alle so nett.«

»Hat sich niemand beschwert?«

»Ein Mann wollte damit anfangen, aber als ich ihm zeigte, wie er mit seinem Pferd umgehen mußte, das sich immer vom Zügel losmachte, wurde er ganz freundlich.«

»Man könnte dich für einen Fachmann halten.«

Sie lachte und meinte stolz, sie wäre bestimmt genauso gut wie die meisten Experten. Wir kamen ungefähr zu derselben Zeit nach Hause, diesmal zu mir, weil sich dort die gesamte Familie unter Tonys und Tante Kates Obhut versammelt hatte. Sie waren offensichtlich ganz glücklich, und Tony war von unseren Erlebnissen ganz begeistert.

»Das muß doch einen Heidenspaß gemacht haben«, sagte sie sehnsüchtig. »Ich wünsche, ich hätte dabei sein können.«

»Gott behüte«, sagte Tante Kate liebevoll. »Und jetzt hoffe ich nur, daß ihr Mädchen daran denkt, daß ihr ein Haus und Kinder habt, und es aufgebt, eure Nase in die Angelegenheiten anderer Leute zu stecken.«

»Ich bin wirklich froh, daß ihr damit fertig seid«, sagte Paul. »Diese ganze Arbeit und Aufregung für ein paar lumpige Dollar.«

»Dollars sind nie lumpig«, sagte Larry fröhlich. »Und außerdem schuldet ihr Männer mir jeder einen Dollar, weil wir nicht einmal 'rausgeschmissen wurden. Ich werde meine Formulare so schnell wie möglich fertig machen und dann mit offenem Mund auf das herrliche Geld warten.«

Ich war erleichtert, daß ich alles hinter mir hatte, und freute mich, Paul etwas zur Ausstattung für die Schule beisteuern zu können, aber ich machte den Fehler, mich an Christopher zu wenden und glücklich zu sagen: »Weißt du, jetzt habe ich genug Geld verdient, um alle deine schönen Schuhe für die Schule im nächsten Jahr zu kaufen.«

Ich erwartete ein kleines Lob oder zumindest ein Lächeln, statt dessen machte er ein finsteres Gesicht und sagte langsam und deutlich: »Zum Teufel mit den Schuhen und zum Teufel mit der Schule«, dann drehte er sich um und rannte aus dem Zimmer.

Ich fühlte mich, als hätte ich eine Ohrfeige bekommen, und einen Augenblick herrschte völliges Schweigen. Dann sagte Larry fröhlich: »Der liebe kleine Junge! In Wirklichkeit sind Kinder einfach ein Fehler. Ich habe das immer gesagt. Du bist schuld, weil du angefangen hast.«

»Ich bin schuld?« Über den Fehler war ich mit ihr einverstanden, aber ich verstand nicht, warum es meine Schuld war.

»Doch, hättest du Christopher nicht bekommen, wäre ich nicht blind mit Christina gefolgt. So haben wir uns daran gewöhnt, und jeder gleich noch ein Kind bekommen.«

Ich versuchte zu lachen, aber es wollte mir nicht richtig gelingen. Ich sagte langsam: »Er hat mich angesehen, als würde er mich hassen, und ich dachte, er würde sich freuen.«

Jetzt ergriff Tante Kate das Wort, unmißverständlich und klar: »Sich freuen? Warum sollte er sich freuen? Versuche doch einmal, vernünftig zu sein, Susan.«

Der Frühling war wechselhaft und unfreundlich, ein paar schöne Tage, dann ein wilder Südwestwind und Regenstürme. Aber als die Lämmer alle auf der Welt waren, wurden Larry und ich von den meisten Pflichten auf der Farm befreit. Die Männer arbeiteten noch immer sehr schwer, denn abgesehen von der Futterknappheit war es auch noch ein ›Zwillingsjahr‹ gewesen. Zuviele Mutterschafe hatten zwei Lämmer geboren, wollten aber nur eines übernehmen. So waren die Männer ständig im Einsatz, und immer wieder mußten Schäfchen in den extra angefertigten Gattern aufgezogen werden, die unsere vordere Koppel verunstalteten. Dabei halfen wir, aber wir mußten nicht mehr den ganzen Vormittag durch die hinteren Koppeln reiten.

Der September ging mit Stürmen in den Oktober über, und eines Tages, als es besonders kalt und regnerisch war, mußte ich Besorgungen in Tiri machen. Ich trank gerade mit Tantchen Tee, als Tony hereingestürzt kam und fragte, ob man ohne sie auskommen könne. In irgendeiner entlegenen Straße war ein Kind schwer erkrankt. Dr. Barrett wußte nicht, was ihm fehlte, denn sie hatten ihn morgens nur kurz angerufen, aber jetzt wollte er dorthin fahren. Wenn es nötig war, wollte er das Kind zum Krankenhaus in Te Rimu bringen.

»Das kann er nicht allein, und die Mutter kann nicht mitfahren. Sie hat noch drei Kinder, und ihr Mann ist mit Melken beschäftigt und hat große Schwierigkeiten mit einer Kuh, die gerade kalbt. Was für ein Leben, wenn man sein Kind nicht ins Krankenhaus bringen kann, obwohl es schwer krank ist!«

»Natürlich kannst du gehen, aber wie weit entfernt ist denn diese Farm?«

»Es ist die Selkirk-Farm, ungefähr fünfzehn Meilen entfernt, durch das ganze Tal hindurch, und die letzte halbe Meile des

Weges ist nicht geschottert. Wir werden wahrscheinlich Ewigkeiten brauchen.«

Ich sagte: »Das klingt ziemlich schlimm, Tony. Soll ich mitkommen und bei dem Kind helfen? Hier werde ich nicht dringend gebraucht. Paul ist für heute mit seiner Arbeit fertig, er kann also im Haus sein, wenn die Kinder zurückkommen. Was fehlt dem Kind? Hat Oliver schon eine Vorstellung?«

»Ich weiß nicht. Wahrscheinlich kann er das erst beurteilen, wenn er es sieht. Es wäre schön, wenn du mitkämst.«

»Vielleicht ein phantasierendes Kind, eine schlechte Straße und ein aufkommender Sturm«, kommentierte Tantchen. »Das klingt wie in alten Zeiten, nicht wahr, Susan? Ja, ich halte es für besser, wenn du Paul anrufst und ihm sagst, er soll dich vor morgen früh nicht zurückerwarten. Wenn du nach Hause kommst, wirst du müde sein, du würdest besser hier schlafen.«

Paul war nicht sehr begeistert. »Ich kenne die Selkirk-Farm. Letzten Herbst habe ich mir seine Kälber angesehen. Es ist eine scheußliche Straße, schon schlecht genug, bevor man zu der halben Meile Lehmweg kommt. Hat Barrett Ketten?«

»Natürlich, außerdem sind wir alle drei gute Fahrer und an schlechte Straßen gewöhnt. Mach dir keine Sorgen, Paul. Bist du sicher, daß du mit dem Abendessen für die Kinder zurechtkommst?«

»Die Kinder? Lieber Himmel, warum sollte ich mir da Sorgen machen?« fragte Paul leichtfertig, wie es die Männer zu tun pflegen, wenn sie von den Pflichten ihrer Frauen sprechen. »Natürlich kommen wir zurecht, wir werden am brennenden Feuer sitzen und an euch denken, wie ihr euch auf dieser schlammigen Straße voranarbeitet. Warum kann der Bursche das Kind nicht selbst bringen?«

»Einmal, weil eine seiner Kühe kalbt und er keine Hilfe hat, und zweitens, weil er ein schreckliches Auto hat, auf das kein Verlaß ist. Außerdem muß man auf jeden Fall zu zweit sein, denn das Kind phantasiert. Oliver weiß nicht genau, was ihm fehlt, bevor er es nicht gesehen hat. Dann wird er beschließen, ob er es ins Krankenhaus bringt. Vielleicht ist es nicht so schlimm, wie sie glauben.«

Sobald Oliver mit seinen beiden letzten Patienten in der Sprechstunde fertig war, machten wir uns auf. Ich lieh mir Ölzeug und die anderen waren genauso angezogen. Wir sahen überhaupt nicht wie ein Ärzteteam aus, aber wir wußten, daß uns eine schlimme Reise erwartete, und wir wollten dafür gerüstet sein.

Die ersten fünfzehn Meilen waren schon schlimm genug. Natürlich kein einziges Stück geteert, nur sehr grober Schotter, gefährliche Kurven und eine starke Abschüssigkeit. Aber wir alle kannten solche Straßen, und Oliver fuhr. Er war kein absoluter Experte wie Paul oder Sam, aber er fuhr gut, und wir lenkten ihn nicht durch Reden ab. Es war ein unfreundlicher Nachmittag, der schon fast in eine regnerische Dämmerung überging, und als wir an die Ecke kamen, wo der Weg zu Selkirks einfacher Farm beginnt, war es schon fast dunkel.

Oliver bremste, er und Tony sprangen hinaus, um die Ketten aufzuziehen. Sie verstand fast genauso viel davon wie er, und man konnte leicht sehen, daß sie gewöhnt waren, zusammenzuarbeiten. Sie bestanden darauf, daß ich im Auto blieb, um die Räder hin und her zu bewegen, und nun fuhren wir wieder los, einen schmalen kurvigen Buschweg hinunter. Selbst mit Ketten rutschte und schlitterte der Wagen, ein- oder zweimal kam er sogar gefährlich nahe an den äußeren Rand, der in eine steile, überwucherte Schlucht abfiel. Ich war froh, als wir die halbe Meile geschafft hatten und zu einem kleinen Haus kamen, das tapfer in einem Garten stand und aus dessen Fenstern gedämpftes Licht fiel. Es war ein neues kleines Haus. Wie der Doktor mir erzählte, war Selkirk erst seit zwei Jahren auf der Farm und mußte sich schwer durchkämpfen. Er hatte siebzig Kühe allein zu melken, seinen Rahm auf einem Schlitten bis zur Ecke zu fahren und verdiente nur eben das Notwendigste. Nun hatte ihn auch noch die Krankheit überrascht, und sie hätte sein letztes Geld verbraucht, hätte Oliver nicht gesagt: »Ich komme 'raus, um nach dem Kind zu sehen . . . Das können Sie sich nicht leisten? Unsinn. Dafür nehme ich nichts, und das Krankenhaus ist unentgeltlich.«

Tony hatte den Schluß seines Telefongesprächs mitgehört, und während wir unser Ölzeug anzogen, erzählte sie mir mit ganz feuchten Augen davon. Welche Aussichten blieben Peter Anstruther gegenüber diesem Ritter in glänzender Rüstung?

Die Selkirks mochte ich sofort gern, und sobald ich ihre Schwelle überschritt, fühlte ich mich um Jahre zurückversetzt in die Zeit, als wir noch an einem ungeschotterten Weg wohnten, ohne Strom, nur mit Kerzen und einem Holzofen. Damals waren wir noch jung und standen am Anfang unseres Lebens im Hinterland. Dieser Mann und seine Frau waren nicht mehr jung. Ich schätzte sie auf ungefähr dreißig und ihn ein paar Jahre älter, aber man konnte sehen, wie schwer ihr Leben gewesen sein mußte und noch war. Sie waren gerührt vor Freude, uns zu sehen, und Oliver äußerst dankbar, daß er sich so bemühte.

»Man findet kaum einen Arzt, der an einem solchen Abend 'rausfährt und noch sagt, daß er nichts berechnet«, flüsterte der Mann mir zu, als seine Frau und Oliver zu dem kleinen Patienten gingen.

Es war ein kleines Mädchen von ungefähr neun Jahren, das hohes Fieber und ein gerötetes Gesicht hatte. Sie sprach mit sich selbst und schien nicht einmal ihre Eltern zu erkennen. Der Vater hatte inzwischen das Feuer angemacht, brachte den Kessel zum Kochen und goß in der Küche geschickt Tee auf, während die anderen kleinen Kinder herumstanden und uns von der Tür aus scheu ansahen. Es war ein sauberes, ordentliches kleines Haus, nur drei Schlafzimmer, Wohnzimmer und Küche sowie ein angebautes Badezimmer. Die Kinder waren sauber und gut gepflegt und es war leicht zu erkennen, daß es ihnen an Liebe nicht fehlte. Oliver und die Mutter kamen aus dem Schlafzimmer zurück.

Oliver sagte: »Wir bringen sie sofort ins Krankenhaus. Nein, wir kommen schon zurecht. Wenn wir erst einmal in Tiri sind, wird es ganz einfach sein.«

»Aber diese schrecklichen Hügel und die schlammige Straße und all diese Kurven, bis Sie nach Tiri kommen«, stammelte die Frau.

»Das ist kein so großes Problem, Ihr Mann will uns begleiten bis zur Ecke und nimmt dort die Ketten ab«; dann ging Oliver zum Telefon, um das Krankenhaus anzurufen, damit alles für unsere Ankunft vorbereitet wurde.

Inzwischen regnete es fester, ein Dauerregen, wie man ihn an der Westküste erlebt, heftige dichte Wassergüsse, die nie aufzuhören schienen, und mit dem Regen war es auch dunkel geworden. Ich war froh, daß Selkirk sich um die Ketten kümmerte, denn Tony und ich würden mit dem kleinen Mädchen alle Hände voll zu tun haben. Jetzt half Tony der Mutter, sie in mehrere Decken zu wickeln und sagte ihr, wir würden uns beide nach hinten setzen und sie über unsere Knie legen. Sie war so unruhig, daß eine Person sie kaum hätte halten können; ich war froh, daß ich mitgefahren war.

Wir tranken schnell den Tee und genossen die dicken Scheiben frischen Brotes, das Mrs. Selkirk selbst gebacken hatte. Dann fuhr Dr. Barrett mit Selkirks Hilfe den Wagen durch den Garten bis vor die Haustür, die Decken wurden nun mit Ölzeug überzogen und das Kind fest darin eingewickelt. Tony und ich hatten uns schon hinten zurechtgesetzt und nahmen das Kind auf unsere Knie, während sich Oliver von der Mutter verabschiedete.

»Machen Sie sich nicht zu große Sorgen. Sobald wir im Krankenhaus sind, ist sie in den besten Händen. Ein Kind mit hohem Fieber sieht oft schlimmer aus als es ist. Bis morgen früh haben sie herausgefunden, was ihr fehlt, und dann ist sie über den Berg. Ich werde Sie anrufen, wenn wir heute abend zu Hause ankommen, und Sie über die Lage informieren.«

»Aber Doktor, Sie werden doch Stunden brauchen, bis Sie ankommen, und es scheint ihr so schlecht zu gehen?«

Er war ganz zuversichtlich. »Wir brauchen etwas mehr als eine Stunde bis Tiri. Von da aus ist es kein Problem mehr und nur noch eine kurze Fahrt von weniger als einer Stunde bis zum Krankenhaus. Um acht Uhr wird Ihr kleines Mädchen schon gut eingepackt in ihrem Bettchen liegen; ich rufe an, sobald ich zu Hause ankomme.« Kein Wunder, daß Tony in ihn verliebt war; diese Leute sahen ihn an, als wäre er ein Gott. Selbst ich, die sonst leicht an ihm herumnörgelte, war völlig für ihn eingenommen. Er war außerordentlich ruhig und tüchtig, ein Mann, dem man sein Kind ruhigen Gewissens anvertrauen konnte und wußte, daß es wieder gesund würde. Sie strömten über vor Dankbarkeit; ich spürte einen Kloß in der Kehle, als ich mich umblickte und sah, wie die Mutter, an die sich die Kleinen klammerten, am Tor stand und weinte.

»Wo ist Ihr nächster Nachbar?« fragte Oliver Selkirk, der neben ihm saß, um die schrecklich dreckigen Ketten abnehmen zu können, sobald wir die Ecke erreichten, und dann zu seinem einsamen kleinen Haus zu Fuß zurückzukehren.

»Ungefähr drei Meilen entfernt die geschotterte Straße hinunter. An diesem Weg hier liegt sonst nichts, deshalb ist er auch nicht geschottert; aber wir haben Telefon und Miss Adams versorgt uns.« Ja, es war wirklich wie in den Jahren, als wir noch ganz wenige Nachbarn hatten und das Telefon unsere einzige Verbindung mit der Welt war. Ich war damals froh gewesen, daß diese notdürftige Leitung mit Tantchens Laden verbunden war. Sie ließ niemals jemanden im Stich.

Gehörte Dr. Barrett zu diesen Menschen? Wenn ich Tonys Gesicht sah, ihm bewundernd zugewandt, konnte ich nicht mehr zweifeln, daß sie daran glaubte. An diesem Abend hatte er sich erstaunlich gut verhalten und die Notlage durchgestanden, als hätte er immer auf dem Lande und nicht in einer Stadt gelebt. Aber wie lange würde er mit diesem Hinterland zufrieden sein? Er war nun schon länger hier draußen, als er versprochen hatte. Ich meinte zu spüren, daß trotz seiner Gewissenhaftigkeit ab und zu Unruhe, ja fast Ungeduld in ihm war. War Tony durch ihre Liebe so blind geworden, daß sie es nicht auch empfinden und mit ihm fühlen konnte?

An der Ecke nahm Selkirk geschickt die Ketten ab. Er wollte den Arzt nicht aussteigen lassen, sondern verstaute sie im Handumdrehen in einem Sack im Kofferraum. »Daran bin ich gewöhnt«, sagte er kurz. »Wenn wir nicht unbedingt gezwungen sind, gehen wir im Winter nicht 'raus, aber wenn wir wegfahren müssen, geht es nur mit Ketten, es sei denn, wir hätten eine Woche lang trockenes Wetter gehabt.« Dann steckte er seinen Kopf zum Fenster hinein, die Worte fielen ihm schwer. »Ja, Doc, ich kann nicht viel sagen, aber Sie wissen, was ich empfinde«, und mit einem letzten Blick auf das fiebrige bewußtlose Kind auf der Hinterbank grüßte er uns kurz, murmelte noch einmal »Vielen Dank« und wandte sich seinem Rückweg auf der schlammigen Straße zu.

Ich spürte, daß sich Oliver nicht so gern »Doc« nennen ließ, aber er lächelte freundlich und winkte noch einmal zum Abschied, als Selkirk wegging. »Ein guter Kerl«, sagte er, und dann vergaß er ihn wohl völlig und konzentrierte sich auf die ihm bevorstehende Aufgabe. Mußte ein guter Arzt nicht so sein?

Bis Tiri war die Fahrt der reinste Alptraum. Es regnete in Strömen, und die Scheibenwischer schafften es kaum. Die Steigung war schwierig und die Haarnadelkurven haarsträubend, wenn wir sie schließlich einsehen konnten. Aber es blieb uns kaum Zeit, nervös zu sein, denn das Kind nahm unsere ganze Aufmerksamkeit in Anspruch. Es war ein kräftiges kleines Mädchen, das von Unrast geplagt wurde. Wir hatten alle Mühe zu verhindern, daß sie sich hin und her warf, und sie murmelte und schrie herzzerreißend.

»Sie ist doch sicher sehr krank?« flüsterte ich Tony zu.

»Es scheint so, aber Oliver wird sie schon gesund machen. Ist er nicht bewundernswert?«

Ich stimmte ihr wieder zu, diesmal aus vollem Herzen. In der Dunkelheit konnte ich mir die leuchtenden Augen, die schönen, leicht geöffneten Lippen, all diese Merkmale eines jungen Mädchens vorstellen, das ein Idol liebt, welches am Ende zwangsläufig seine tönernen Füße zeigen muß. Ich seufzte wie eine abgeklärte Frau und kam zu dem Schluß, daß da überhaupt nichts zu machen war. Die abenteuerliche Straße, das schreckliche Wetter, die einsame Farm, die heldenhafte Rettung, die Geste ›keine Rechnung‹ –, das alles war wie aus einem Fernsehstück, und trotzdem waren diese Dinge Olivers starke Verbündete. Solange er sie behielt, würde ihm Tony zu Füßen liegen.

Sobald wir Tiri erreicht hatten, war das Schwerste überstanden. Wir hielten nur kurz an, um Tantchen zu beruhigen und sie um einen Anruf bei Paul zu bitten; dann fuhren wir schnell und ohne Schwierigkeiten zum Te-Rimu-Krankenhaus. Als wäre die kleine Patientin durch die leichtere Fahrt beruhigt, verfiel sie in tiefen Schlaf, Tony und ich konnten uns ausruhen. Die gute Straße ermöglichte es Oliver, sich ab und zu umzudrehen und ein Wort mit seiner ihm ergebenen Sklavin auf dem Hintersitz zu tauschen. Sklavin oder Sklavinnen? An diesem Abend war ich ganz auf der Seite des Doktors, eine Tatsache, die ich später nie vergessen sollte. So konnte ich vieles leichter verstehen.

Im Krankenhaus wurden wir schon erwartet. Oliver war dort offensichtlich sehr beliebt. Die Schwester, die uns begrüßte, war entsetzt über die späte Stunde, das schlechte Wetter und den Zustand, in dem sich der Wagen des Arztes befand. Ihm schien das gleichgültig zu sein.

»Ein schlammiger Weg, aber man hat uns mit den Ketten geholfen. Mir geht es gut, aber die Mädchen sind wahrscheinlich müde. Sie hatten den schwereren Teil der Arbeit und sie werden froh sein, zu Hause ihr Bett zu sehen.«

Die Schwester sah uns gleichgültig, den Doktor jedoch bewundernd an. Es war nicht nett von mir zu denken, daß er diesen Blick genoß; wer von uns freut sich nicht über Bewunderung und ein bißchen Heldenverehrung?

Sie hoben das Kind in seinem Paket aus Decken aus dem Wagen und trugen es in Begleitung von Dr. Barrett ins Krankenhaus. Die Schwester kam sofort zurück und lud uns in ihr Wohnzimmer ein, wo eine junge Schwester uns Kaffee und Brote brachte. Sie sah Tony sehr interessiert und etwas neidisch an. Offensichtlich hatte es sich bei dem kleinen Personalstab sofort herumgesprochen, daß Oliver sie als »meine Verlobte« vorgestellt hatte, und noch ein oder zwei junge Dinger fanden eine Ausrede, um das glückliche Mädchen sehen zu können, das das Große Los gezogen hatte.

Als wir allein waren, sagte ich zu Tony: »Du bist heute abend hier von größtem Interesse«, und sie lachte.

»Ich wünschte, ich würde Oliver mehr Ehre machen. Sie bewundern ihn alle, findest du nicht? Wahrscheinlich fragen sie sich, was er an einem so schmutzigen nassen Ding wie mir finden kann. Schwesterntrachten sehen immer so vorteilhaft aus.«

»Drillich und Ölzeug auch, wenn du im Glanz eines Helden erstrahlst. Diese kleine Schwester hat bestimmt gedacht: ›Wenn ich nur dem Doktor so helfen dürfte!‹«

»Sie hat sich wahrscheinlich eher gefragt, wie es mir gelungen ist, einen so wunderbaren Mann zu bekommen. Denn er ist wunderbar, nicht wahr, Susan?«

Wieder stimmte ich zu, diesmal mitfühlend und aufrichtig. Ich dachte: »Wenn er nicht mehr hier ist und in seinem Beruf Karriere gemacht hat, woran kein Zweifel besteht, werden sich alle an heute nacht erinnern und sagen: ›Das war ein Doktor, der meilenweit durch Unwetter gefahren ist, um armen Leuten zu helfen, die ihm nichts bezahlen konnten – so ist er‹.« Ja gewiß war Oliver wunderbar. Jetzt kam er zurück und trank seinen Kaffee, den Tony ihm liebevoll eingegossen hatte. Er sah fröhlich aus. »Sie wird wieder gesund. Ich habe den Vater von hier aus angerufen. Ich wollte ihn nicht warten lassen, bis wir zurück in Tiri sind. Heute nacht werden sie schlafen.«

Auf der Fahrt nach Hause waren wir glücklich, erschöpft und still. Ich bestand darauf, daß Tony sich neben ihren Doktor setzte, und so konnte ich etwas unruhig, aber voller Bewunderung beobachten, wie gut er mit einer Hand Auto fahren konnte.

Tony war sehr müde. Wohl weniger körperlich, denn sie war sehr kräftig, als seelisch. Sie sagte: »Oh, Tantchen, es war so traurig. Dieses einsame kleine Haus und diese arme Frau ... Aber Oliver hat geholfen.«

Darüber lächelte er zärtlich. »Geh schlafen, Liebling, du zitterst ja. Wozu ist denn wohl ein Arzt da?« und ich fand, das war der richtige Kommentar und ein phantastischer Abgang.

Tony folgte und sank ins Bett. Ich teilte das Zimmer mit ihr, kam aber nicht sofort nach. Ich spürte, daß ich nicht noch einmal hören konnte, wie wunderbar Oliver war. Er verabschiedete sich sehr fröhlich und gelassen, aber als er ging, sagte er: »Ich danke dir, Susan. Du hast sehr geholfen, was gar nicht deine Aufgabe war.« Ich wollte sagen: ›Und wie ist es mit Tony? Ihre Aufgabe war es auch nicht.‹ Aber ich ließ es bleiben, denn es war nicht der richtige Augenblick. Als er gegangen war, sagte ich zu Miss Adams: »Bleiben Sie noch eine Minute.«

»Sie sind müde, Susan. Sie brauchen keine Angst zu haben, daß Sie das Kind stören. Sie schläft bestimmt schon.«

»Ich weiß, aber es ist schön, Sie zu sehen ... Tantchen, er ist wirklich ein guter Mann, nicht wahr? Er war heute abend einfach zu jedem wundervoll, zu den besorgten Eltern und dem kleinen Mädchen, und dann der bewundernde Empfang im Krankenhaus. Dazu noch diese Bemerkung am Schluß – ›Wozu ist ein Arzt denn da?‹.«

»Ja, wirklich wunderbar. Sie werden ihn hier heiligsprechen, wenn er weg ist.«

»Und Tony? Wird das ausreichen, wenn er ihr sagt, daß er geht, oder wird sie glauben, daß er sie im Stich gelassen und seiner wahren Pflicht den Rücken gekehrt hat?«

»Wenn sie das tut, hat sie sehr unrecht. Tony darf nicht denken, daß sie jemandem sein Leben diktieren kann, daß sie von einem begabten jungen Mann erwarten kann, keinen Ehrgeiz zu haben und sich mit einem Leben im Hinterland zufriedenzugeben.«

»Das weiß ich, aber ich glaube, das wird sie tun.«

»Wenn sie das tut, handelt sie nicht nur falsch, sondern auch dumm. Und sie liebt ihn nicht richtig, sie liebt nur das, wozu sie ihn gemacht hat, nämlich zum Retter des Hinterlandes. Je früher sie das alles herausfindet, um so besser.«

»Das finde ich auch, aber Oliver sagt nichts ... Glauben Sie, daß sie ihn liebt?«

»Im Augenblick ja. Ich bezweifle nur, daß es hält. Ich glaube, wenn sie merkt, daß Oliver an seine Karriere denkt, daß er nicht lange hier bleibt, dann wird das der beste Test sein.«

»Und wenn sie sich entschließt, mit ihm zu gehen, wie wird sie dieses Leben nehmen?«

»Wie jede Frau, die sich ihrem Mann anpassen muß ... Susan, Sie sind müde. Es war ein anstrengendes und aufregendes Erlebnis. Quälen Sie sich nicht mit Sorgen um Tony. Gehen Sie ins Bett.«

Das hatte ich auch vor, aber an der Tür hielt ich inne und fragte völlig ungerechtfertigt: »Sagen Sie mir, Tantchen, meinen Sie, daß Tonys Geld etwas damit zu tun hat? Oliver muß doch wissen, daß sie eines Tages viel Geld haben wird und eine große Mitgift, wenn sie heiratet. Hätte er sich auch in sie verliebt, wenn sie nur ein hübsches kleines Ladenmädchen gewesen wäre?«

Miss Adams klopfte mir aufmunternd auf die Schulter. »Sie müssen völlig fertig sein, Susan, aber trotzdem sollten Sie sich schämen, nach Erklärungen zu suchen und den Dingen bis auf den Grund zu gehen. Wie kann irgend jemand von uns die Gründe eines anderen erkennen? Ich glaube, Dr. Barrett ist sehr in Tony verliebt; sie ist ein bezauberndes Mädchen, und die meisten Männer würden ihn verstehen. Aber . . .«

»Sprechen Sie weiter, Tantchen. Seien Sie ehrlich.«

»Na ja, für einen ehrgeizigen jungen Mann ist eine Frau mit Geld immer eine Hilfe. Oliver ist ein sehr guter Arzt, er geht in seiner Arbeit auf, ist gewissenhaft und ehrgeizig. Aber er ist nicht dumm«, und mit diesen Worten schickte sie mich entschlossen zu Bett.

Tony und ich schliefen acht Stunden lang, und als ich aufwachte, schämte ich mich, daß ich Miss Adams mein Herz ausgeschüttet und einem Mann, den ich mochte und bewunderte, unlautere Motive unterstellt hatte. Ich hatte nach Anreizen gesucht, wollte Geheimnisse auskundschaften, – wie man es auch drehte, es war eine Unverschämtheit, sogar die Tatsache, daß ich Tony als meine Tochter betrachtete, war keine Entschuldigung. Ich mag besitzgierige, mißtrauische Mütter nicht, doch genauso hatte ich mich benommen.

Doktor Barrett hatte schon gefrühstückt und packte soeben seine Tasche, als ich an seine Hintertür klopfte. Er begrüßte mich herzlich und fragte, ob sich Tony von unserem Abenteuer erholt habe. »Natürlich. Wir haben geschlafen wie Bären. Wir waren eigentlich nicht müde, eher überdreht.«

Er lächelte sehr freundlich. »Ich glaube, Sie fühlten sich in die erste Zeit Ihres Pionierlebens zurückversetzt und erinnerten sich an die historische Reise, die Sie und Larry machten, als Christopher im ungeschicktesten Augenblick auf die Welt kommen wollte.« Jetzt ging es mir besser. Natürlich war ich einfach eine alberne gefühlvolle Frau, die zurückblickte und sentimental wurde. Ich sagte: »Ja, wahrscheinlich hatte es etwas damit zu tun. Das war auch eine solche Nacht und eine solche Straße. Die Menschen in diesem einsamen kleinen Haus sahen so unglücklich aus.«

»Jetzt geht es ihnen gut. Das Krankenhaus ist mit dem Kind ganz zuversichtlich, und ich habe sie heute morgen schon angerufen, um ihnen die gute Nachricht mitzuteilen. Denken Sie jetzt nicht mehr daran. Aber Tony hat viel zuviel Phantasie und Mitleid. Es taugt nichts, sich über die Sorgen aller Menschen aufzuregen. Sie hat nicht dieselben Erfahrungen durchgemacht wie Sie, und Gott sei Dank wird sie das auch nie müssen.«

»Oh, sie würde damit fertig. Tony ist kein schwaches Wesen.«

»Als ob ich das nicht wüßte. Aber sie wird es bestimmt nicht nötig haben.«

Es hatte keinen Zweck zu sagen, daß sie vielleicht dieses Leben mit allen Nachteilen dem konventionellen und zivilisierten Stadtleben vorziehen könnte. Deshalb sagte ich nur: »Sie sind zu diesen armen Leuten sehr, sehr gut gewesen, Oliver.«

Er sah ehrlich erstaunt aus. »Warum nicht? Solange ich hier bin, ist das meine Arbeit.«

›Solange er hier war . . .‹ Wie lange würde das sein?

9

Einmal im Jahr, früh im November, halten die Schulen auf dem Lande den sogenannten ›Kälbchentag‹ ab. Das ist ein aufregender Anlaß für die Kinder und ein anstrengender für die Eltern. Frühmorgens gehen die Mütter hinaus und helfen, das kleine Lämmchen einzufangen, das vorgeführt werden soll. Normalerweise ist es so zahm, daß es die hintere Veranda seinen eigenen Gefilden vorzieht, gerade an diesem Morgen aber mit leichtherziger Fröhlichkeit über die Koppel hüpft und tanzt und kaum überredet werden kann, sich der Milchflasche zu nähern, auf die es sich sonst leidenschaftlich stürzt. Ist es dann erst einmal angebunden, kann die Familie es einige Stunden lang vergessen, während das ganze Drama mit dem Lieblingskälbchen wiederholt wird.

Die jüngeren Kinder führen normalerweise nur ein Hauslämmchen vor, das nach Zucht, Geschick und Rasse beurteilt wird. Die älteren bringen ihre Kälber, die nach denselben Eigenschaften beurteilt werden. Sinn der Sache ist, die Kinder dadurch in engere Verbindung mit den Tieren zu halten und daß sie einen Großteil ihrer Zeit und viel Arbeit auf ihre Lieblinge verwenden. In Wirklichkeit verhält es sich – zumindest in meinem und Larrys Haushalt – so, daß die Besitzer sich drei Tage vor dem ›Kälbchentag‹ wie wahnsinnig mit einem intensiven Training abplagen und die lieben Tierchen sich die übrige Zeit nach Lust und Laune vergnügen, normalerweise im Blumen- oder Gemüsegarten.

Den Eltern macht der ›Kälbchentag‹ keinen Spaß, aber wir mühen uns alle ab, weil es für den Schulausschuß die Gelegenheit ist, Geld einzunehmen. Schulausschüsse haben ein hartes Leben; ihre wichtigste Funktion besteht darin, Geld für Schulanlagen wie Spielplätze und Gärten einzunehmen und auszugeben. Unsere kleine Schule steckte noch in den Kinderschuhen, aber unser Lehrer hatte drei Geliebte: seine Frau, das Schulgelände und einen schrecklichen kleinen Esel, den beide vergötterten. Die Liebe zu dem Schulgelände erklärte sich vor allem aus der Liebe seiner zarten Frau zu Blumen. Die Liebe zu dem Esel konnte sich keiner von uns vernünftig erklären.

Sein erstes Ziel, das darin bestand, einen Tennisplatz für die Schule zu bauen, hatte Mr. Marshall schnell erreicht. Jetzt war er entschlossen, dieser Tat ein Schwimmbad folgen zu lassen, das es in den meisten anderen Schulen gab. Daher bat er uns, alle möglichen Anstrengungen zu unternehmen, um am ›Kälbchentag‹ Geld einzunehmen, und er hatte dafür gesorgt, daß für diese Veranstaltung viel Reklame gemacht wurde, um eine hohe Besucherzahl zu erreichen. Paul war der Vorsitzende des Ausschusses, also sehr beschäftigt; es wurden alle möglichen neuen Ideen vorgebracht, wie Ponyreiten und sogar ein paar kleine Aufführungen.

Natürlich mußte es eine ›große Parade‹ geben. So nannte man die etwas ungeordnete Prozession, bei der die Kinder in einem großen Kreis liefen und eine lustige Ansammlung von Haustieren führten oder von ihnen geführt wurden, die nicht nur aus Lämmern und Kälbern bestand, sondern auch aus Hunden, Hühnern, Vögeln und Ziegen und aus allem, was man nur beibringen konnte.

Manche von diesen unglücklichen Wesen waren geschmückt, einige angezogen und wieder andere zogen sogar kleine selbstgemachte Karren. In diesem Jahr durften die Kinder sogar kleine Büchsen mitnehmen, um Geld zu sammeln, und ich sah schon, daß wir größere Summen einbüßen würden.

Man konnte natürlich keine Unterschiede machen. Eigentlich sollten wir nur die Ausstellungsstücke belohnen, die wir am besten fanden, aber es war unmöglich, nein zu sagen, wenn ein kleines Maori-Mädchen hoffnungsvoll mit ihrer Büchse klapperte, auch wenn ihr Lämmchen unterernährt, schmutzig und menschenfeindlich war. Hier mußte man genauso großzügig sein, wie bei Annes Zwillingen mit ihren herrlich gepflegten und offensichtlich geliebten Haustieren. Geld mußte eingenommen werden, und wer wollte ein Kind enttäuschen, das einen mit feuchten braunen Augen ansah und heimlich seine Nase am Ärmel abwischte, wenn es wartete?

Es mußte früh im November sein, wenn die Lämmer und Kälber ihre beste Zeit hatten, aber es war vom Wetter her gesehen ein unglückliches Datum, weil es immer wechselhaft war. Würde es ein schöner Tag sein, oder würde die Prozession in strömendem Regen stattfinden, manche Kinder in Regenmänteln ihrer Eltern, die bis zu den Schuhen reichten, und alle Tiere trübsinnig und vor Kälte zitternd? Dieses Jahr hatten wir Glück. Es war ein schöner, ruhiger Tag, ein Frühlingswetter, bei dem die Hügellandschaft am schönsten ist.

Wir standen früh auf, denn man erwartete eine große Menschenmenge, sogar von so weit her wie Te Rimu, außerdem mußte für die Verkaufsstände noch in letzter Minute etwas gebacken werden, ein Lamm und ein Kalb waren noch zu fangen und zu schmücken, und alle möglichen Dinge wollten getan sein.

Alles verlief wie erwartet. Fritzi, Christophers Kalb, ließ sich weder einfangen noch zum Eimer locken, und als wir es schließlich am Boden festhalten konnten, entdeckten wir, daß es sich ein paar Läuse geholt hatte. Da sein Fell am Tag zuvor noch makellos gewesen war, konnte ich mir nur denken, daß es sich in böser Vorahnung in der Nacht mit irgendeinem niedrigen und unwürdigen Freund brüderlich vereint hatte.

Christopher war heute morgen aus irgendeinem Grund viel netter und hilfsbereiter als sonst, und ich wagte zu hoffen, daß seine schlechte Phase ein Ende nahm. Er geriet leicht in Wut, als die Läuse entdeckt wurden, protestierte aber kaum, als er an die Behandlung gehen sollte, eine mühevolle Arbeit mit Läusepuder und einer langen und sorgfältigen Suche, bis jedes der kleinen schrecklichen Dinger verschwunden war, dann schließlich noch eine gründliche Wäsche. Er machte es gut, und Fritzi sah aus wie aus dem Bilderbuch, als die Prozedur vorüber war. Keiner hätte vermutet, daß sie sich noch zwei Stunden zuvor in diesem beschämenden Zustand befand.

Inzwischen war seine jüngere Schwester, Patience, mit ihrem Lämmchen Judy beschäftigt. Wie das Kalb ihres Bruders war auch dieses Wesen einem fünftägigen intensiven Unterricht in der Kunst des Führens und des allgemeinen guten Benehmens unterzogen worden. Es war wohl nicht unnatürlich, daß Judy das alles äußerst langweilig fand, nicht kommen wollte, wenn es gerufen wurde, und sogar der Verlockung des offenen Gartentors widerstand, eine Gelegenheit, die es sonst nie ausgelassen hatte. Schließlich mußten wir uns alle, Paul, Patience und ich, abmühen, um es einzufangen; dann ließ es sich keuchend und erschöpft in einer Ecke der Veranda nieder und schien sterben zu wollen. Dadurch wurde die Panik noch größer, aber schließlich gelang es mir, Patience zu überzeugen, daß Judy wohl den Tag überleben würde, worauf das Lämmchen aufstand und eine ganze Flasche Milch austrank, die ihre Besitzerin ihm unklugerweise hinter meinem Rücken gegeben hatte. Danach sah es schrecklich dick aus und schlief ein.

Paul, der weniger gut gelaunt war als üblich und alle Anzeichen eines leidenden Farmers, der an einem schönen Tag von seinen Feldern ferngehalten wird, aufwies, machte inzwischen den Anhänger fertig, um die Tiere zu befördern. Hier protestierten beide Kinder laut. Im Wagen war doch sicher Platz für die arme kleine Judy und für Fritzi.

Das brachte Paul zum Explodieren. »Wenn ihr glaubt, daß ich die verdammten Viecher in mein Auto lasse, habt ihr euch getäuscht. Es mag zwar alt sein, aber es stinkt nicht und wird auch nicht stinken. Ich habe Seitenwände angebracht, und so werden eure Tiere transportiert.«

Sofort rannte Patience zum Wollschuppen. Als Antwort auf den lauten Wortschwall ihres Vaters rief sie, daß sie für die arme Judy einen Sack holen würde, damit sie nicht auf den harten Brettern liegen mußte. Paul zuckte resignierend die Achseln und brüllte ihr nur zu: »Paß auf, daß Nell nicht entwischt. Mach die Tür richtig zu.« Nell ist Pauls Lieblingshund, eine ungewöhnlich kluge Hündin. Wie das bei Hündinnen leider so ist, muß sie jedes Jahr zweimal vierzehn Tage lang eingesperrt werden; dann ist es ein unverzeihliches Verbrechen, wenn man auch nur einen Augenblick die Türe aufläßt. Das war einmal passiert, aber Paul war rechtzeitig gekommen, und es hatte keine unerwünschte Vergrößerung der Familie gegeben.

Als wir beim Frühstück saßen, rief Peter an. Zu meiner Überraschung sagte er, er käme mit und wollte wissen, was er für den Lebensmittelstand mitbringen könnte. »Ich fürchte, nur Konserven, aber ich habe im Garten eine Menge Blumenkohl, den ich mitbringen kann. Einige Städter sind wild auf selbstgezüchtetes Gemüse.«

Ich war sehr dankbar. Ziemlich viele Leute aus Te Rimu hatten zugesagt; sie würden sich auf den Blumenkohl stürzen. Das war nett von Peter, denn er hatte keinen Grund, eine Schulveranstaltung zu besuchen, und es war nur seine Treue dem Bezirk gegenüber, die ihn dazu veranlaßte. Bevor ich einhängen konnte, riß mir zu meiner Überraschung Christopher den Hörer aus der Hand und begann, mit ›Onkel Peter‹ zu sprechen. Sie waren immer gute Freunde gewesen, denn Peter hatte viel Verständnis für Kinder. Aber ich hörte voller Erstaunen meinen Sohn sagen: »Onkel Peter, kann ich mit dir fahren? Unser Auto ist schon so überfüllt, und du fährst doch hier vorbei, oder?«

Ich versuchte zu protestieren und zu sagen, daß die Tiere doch auf dem Anhänger seien und also genug Platz blieb, aber er sagte nur grob: »Ich will mit ihm fahren. Ich habe es satt, überall mit euch allen hinzugehen.« Darüber war ich leicht verblüfft, mischte mich aber nicht mehr ein; er wollte auf Peter warten, der vorhatte, etwas später zu fahren als wir, er würde jedoch rechtzeitig zum Aufrufen der Teilnehmer eintreffen.

Christopher kam mit einem leichten verkniffenen Grinsen vom Telefon zurück, das mir gar nicht gefiel. Dieses Lächeln kannte ich; er dachte sich irgendeinen schlimmen Streich aus. Er freute sich nicht nur, daß er sich durchgesetzt hatte, er plante auch irgendeine Missetat, bevor Peter ankam, und nachdem wir abgefahren waren. Beunruhigt dachte ich an die verschiedenen Möglichkeiten, etwas anzustellen, aber Paul munterte mich auf und sagte: »Mach dir keine Sorgen. Es ist nur natürlich, daß er auch einmal selbständig sein will. Bei Peter wird ihm nichts passieren.«

»Christopher kann gerade im Augenblick bei jedem etwas

passieren«, sagte ich schweren Herzens. Das war eine Voraussage, an die ich meinen Mann später noch traurig triumphierend erinnern sollte. Trotzdem machte ich alles so narrensicher wie möglich und ging in der Meinung weg, daß alles in Ordnung war. Christopher wurde eben größer und wollte ab und zu ohne Familie sein.

Der ganze Bezirk kam zusammen. Der Oberst war ausnahmsweise in Begleitung von Mr. und Mrs. Evans erschienen, Tony kam mit der Nachricht, daß Miss Adams und Caleb die Stellung allein hielten, da für heute nicht viel Betrieb erwartet wurde, und viele Fremde waren von weit hergeströmt, von denen wir manche kaum kannten. Peter und Christopher kamen kurz nach uns an, mein Sohn ausnahmsweise sauber, ordentlich und ausgesprochen fröhlich gestimmt. Ich sah, daß er wie üblich zu Christina ging und ihr etwas erzählte, was sie beide zum Kichern brachte. Das beunruhigte mich.

Ich war jedoch zu beschäftigt, um weiter nachzufragen. Bald darauf mußten sie zum Aufruf erscheinen und dann ihre Plätze zur Kälberschau einnehmen.

Christinas Kalb Winkie war ein besonders schönes Exemplar, wie eben ein Tier werden mußte, wenn es an Larrys Gartenzaun aufgezogen wurde. Wie die Mutter sagte, war das Kind sehr faul gewesen, wenn es darum ging, dem Kalb das Führen beizubringen, und Larry hatte ihre Hilfe mit Recht verweigert. Dann hatte die wilde Aufregung der Vorbereitungen begonnen wie bei Christopher und Fritzi, aber Winkie hatte wohl einen gutwilligeren Charakter und war plötzlich folgsam geworden. Während Fritzi langweilig und trotzig war, hatte Winkie Liebe zu seiner nachlässigen Herrin entwickelt. Jetzt folgte Winkie dem Mädchen genau im Kreis, während Fritzi den Boden aufscharrte, sich drehte und bockte und alles aufhielt. »Natürlich hätte ich wissen müssen, daß es nicht aus Liebe zu Christina geschah«, fuhr Larry ärgerlich fort. »Wie sollte ein Kalb ein Kind mögen, das sich überhaupt nicht um es kümmert, sondern es nur zweimal am Tag füttert – und es noch dazu tyrannisiert? Es macht mich wütend, wie Christina mit einem Knall den Eimer fallen läßt und den armen kleinen Liebling nicht einmal streichelt.«

»Warum folgt es ihr denn jetzt ganz nah?«

»Weil ich gestern entdeckt habe, daß Christina eine Brotkruste in ihrer Tasche hatte und ihm im Gehen immer ein Stückchen gab. Ich kann dir sagen, daß ich heute morgen ihre Taschen genau durchsucht habe, um sicher zu sein, daß es nicht wieder passiert, aber das arme kleine Kalb glaubt noch immer, daß Brot da ist. Ich nenne das einfach Betrug.«

Die anderen Kälber hielten keinem Vergleich mit Winkie stand. Fritzi bekam keinen Preis, und das tat mir nicht leid; Christopher hatte sich erst letzte Woche um das Kälbchen gekümmert, und so kann man kein Tier ausbilden. Es mußte weitergezerrt werden und gab von Zeit zu Zeit ein langes schmerzliches Blöken von sich. Christina machte ganz klar den ersten Preis, der zweite ging an ein liebes kleines Maori-Mädchen. Eine dritte Auszeichnung gab es nicht, da nur sechs Teilnehmer da waren.

Aber eine schreckliche Demütigung stand noch bevor. Als Christina frech aus dem Ring stiefelte und stolz ihr Röckchen schwenkte, fiel ihr ein großes Stück Brot aus der Tasche. Winkie schnappte danach, wie der Hund nach dem Knochen. Die Jury war verwirrt und Larry wütend. Der Preis wurde nun der kleinen Rangi verliehen, und Christina wurde entehrend disqualifiziert.

»Aber sie hatte absolut nichts in der Tasche, als sie aus dem Auto stieg«, sagte Larry völlig verwirrt. »Ich habe ihr nicht getraut, deshalb habe ich genau nachgesehen. So eine kleine Betrügerin. Christina, wo hast du es her?«

Das schöne, ungezogene Kind sah ihre Mutter unschuldig an, weigerte sich jedoch zu sprechen. Jetzt rückte Christopher mit der Sprache heraus und sagte ganz dreist: »Schimpf nicht mit ihr 'rum! Ich habe es ihr gegeben. Ich habe es geholt, als alle weg waren, und es ihr gegeben, bevor sie in den Ring ging.«

»Du ... Oh, was soll's? Susan, unsere Kinder sind wirklich kleine Verbrecher. Gott sei Dank, daß sie nächstes Jahr in anständige Schulen gehen. Aber du, Christina, hast uns allen Schande gebracht. Du bist unfair.«

Ich erwartete einen dieser Tränenausbrüche, über die ihre Mutter manchmal klagte, aber weit gefehlt. Christina starrte sie nur mit finsterem Trotz an und ging dann mit Christopher weg. Ich sah ganz deutlich, daß sie sich angrinsten. Was stimmte mit unseren Kindern und ihrer Erziehung nicht? Eigentlich war ich froh, daß Tante Kate sich um ihr Haus hatte kümmern müssen und nicht da war; sogar ihr wäre es schwergefallen, eine Entschuldigung für sie zu finden.

Als wir allein waren, gab der Oberst zu, daß er sich insgeheim darüber amüsierte. »Das ist natürlich nicht richtig; ich würde es zwar in Gegenwart der kleinen Teufel nie sagen, aber es ist herrlich, wie sie zusammenhalten. Christopher hat das Brot nicht für sich selbst genommen. Es war für seine Freundin bestimmt, das hat er offen zugegeben wie ein Kavalier. Ich mag die beiden gern, und ich weiß nicht, wie sie es verkraften werden, wenn ihr sie trennt.«

In diesem Augenblick dachte ich, daß es nur guttun könnte. Er hatte natürlich leicht reden, aber was sollten wir anderes tun, als sie zur Schule zu schicken? Jetzt verstand ich, oder glaubte zu verstehen, warum Christopher zurückbleiben und mit Peter fahren wollte. Um das Brot zu holen. Es war wirklich alles in Ordnung. Wartet nur, bis ich Paul sehe. Eigentlich war ich dankbar, daß es nichts Schlimmeres war – das glaubte ich zumindest einfältig in diesem Augenblick.

Als es nun um Rasse und Zucht ging, durfte Christina wieder am Wettbewerb teilnehmen, obwohl Larry behauptete, sie hätte für den ganzen Tag disqualifiziert werden sollen. Winkie gewann leicht auch ohne den Anreiz des Brotes, obwohl Larry sagte, es lebe zweifellos in der Hoffnung auf Brot. Aber das stimmte nicht ganz; es war ein hervorragendes Kalb, und Larry hatte darauf geachtet, daß es immer richtig gefüttert wurde. Christopher wurde zweiter, was er nicht verdiente, denn bis letzte Woche hatte er sein Kalb nie füttern wollen. Die kleine Ringi wurde mit ihrem struppigen, aber hübschen kleinen Kälbchen dritte.

Die Lämmchenschau war immer sehr beliebt. Die Leute verließen sogar ihre Buden und Stände, um zuzusehen, wie die Kleinen ihre Lieblinge im Ring vorführten. Die Zwillinge waren köstlich, und der Oberst versuchte, seine Freude zu verbergen, als sie auf den ersten Platz kamen. »Und sie haben es verdient«, wie Larry zu Anne sagte. »Die beiden lieben ihre Lämmchen wirklich und haben sie auch gepflegt. Nicht wie unser schreckliches Paar mit seinen Kälbern.« Die Ehre wurde wieder etwas hergestellt, als meine Patience zweite und ihr Freund Mark dritter wurde, und Anne sagte freundlich: »Weißt du, wenn die Kinder größer werden, sind sie von Lämmern und Kälbern nicht mehr so begeistert. Christopher und Christina mögen nur noch Ponys, und du mußt zugeben, daß Pferde interessanter sind . . . Wußtest du übrigens, daß sie uns überredet haben, Tiny heute für das Ponyrennen auszuleihen? Ich war dagegen. Du weißt, wie bockig es sein kann, und ich will keine Beinbrüche, aber Elizabeth hat erklärt, daß Tiny folgen würde, und da sie anscheinend eine geheime Absprache miteinander haben, wird es schon klappen.«

Aber es klappte nicht. Als die Lämmchenschau vorüber war und das Reiten begann, gab es sofort Ärger. Unsere und Annes Kinder sind ans Reiten gewöhnt, aber viele Kinder, die heute da waren und unbedingt reiten wollten, nicht. Es ist mir unverständlich, und ich finde es traurig, daß heute viele Kinder auf dem Lande die Freuden des Reitens nicht mehr kennenlernen. Ihre Eltern leben auf kleinen hochproduktiven Milchfarmen, wo jeder Grashalm zählt und zu Milch, die Milch zu Geld gemacht werden muß. Weideland für ein Pony gibt es nicht, und daher wachsen viele Kinder auf, ohne sich an einem eigenen Pony freuen zu können. Natürlich haben unsere Männer manchmal gemurrt, daß die Pferde ihren Lebensunterhalt verschlingen würden, aber niemand von uns hat das je ernst genommen oder davon geträumt, unsere Pferde abzuschaffen. Die Zwillinge konnten kaum laufen, als sie ihre eigenen Ponys bekamen, und Elizabeths Shetland-Pony war heute ausgeliehen worden.

Tiny war ein typisches Shetland-Pony, und den Oberst hatte man oft sagen hören, daß er verrückt gewesen sei, ein so kleines dummes Pony zu kaufen. Shetland-Ponys sehen für Kinder ideal aus, sind es aber häufig nicht. Oft sind sie launisch, manche wirklich böswillig und jederzeit bereit, einen unerfahrenen Reiter auszunutzen. Der Oberst wollte Tiny wieder verkaufen, aber Anne meinte, man müsse es für Gerard aufheben, der jetzt ein Jahr alt war, und der Oberst konnte ein größeres Pferd für seine geliebte Enkelin erstehen. Niemand von uns war heute erstaunt, als Tiny die vielen Kinder, die um einen Ritt kämpften, gelassen ansah und auf der Stelle stehenblieb.

Leider blieb es nicht die ganze Zeit auf der Stelle stehen. Ab und zu hob es unerwartet seine Hufe und versuchte auszutreten, und das war ungewöhnlich. Normalerweise biß Tiny – »es knabberte nur 'rum«, wie Elizabeth es nannte – aber austreten, das war nicht normal. Es war offensichtlich hochmütig und mochte die vielen Kinder nicht, die auf ihm reiten wollten.

Der erste Reiter wurde ohne Umstände auf den Boden geworfen, und der zweite schrie bald laut auf, als Tiny plötzlich von der Stelle, an der es scheinbar schlafend gestanden hatte, losschoß und in einen Galopp verfiel, bei dem der Reiter bald auf der Strecke blieb. Dann beschlossen wir, daß irgend etwas getan werden mußte. Niemand schien sehr darauf aus zu sein, das nächste Opfer zu werden, bis auf einen kleinen Jungen, der lauthals erklärte, er habe vor dem verdammten Pony keine

Angst und wolle sich draufsetzen, um ihm eine anständige Tracht Prügel zu geben. Das tat er auch, aber sein Triumph war nicht von langer Dauer. Beim ersten Schlag mit dem kräftigen Stock, den er hatte unbedingt schwingen wollen, tauchte Tinys Kopf nach unten, und zum erstenmal in seinem Leben stellte es sich sehr elegant auf die Hinterbeine. Der kleine Junge stand unverletzt, aber mit Rachegebrüll vom Rasen auf, und Larry war noch so unfreundlich, ihn auszuschimpfen, weil er das liebe kleine Pony geschlagen hatte.

Obwohl wir allen das Geld zurückerstatteten und den Ritt von zehn auf fünf Cents reduzierten, fand sich kein Kunde mehr. Dann hatte Elizabeth, die wegen des Reinfalls mit ihrem Pony den Tränen nahe war, einen Einfall. Sie sagte: »Laßt mich aufsteigen, und dann kann sich jemand hinter mich setzen und sich festhalten. Mir folgt Tiny. Darf ich das machen, Mammi, und weil es kein richtiger Ritt ist, sind drei Cents vielleicht genug?«

Ein kleines Mädchen erklärte sich bereit und packte Elizabeth fest um die Taille. Tiny trottete davon, und ihre Herrin flüsterte ihr etwas in das kleine struppige Ohr. Es trabte anmutig und gutwillig um die ganze Koppel, und danach wurden die Ritte für drei Cents zu einer solchen Attraktion, daß Elizabeth jetzt von ihrem Bruder abgelöst werden mußte.

Diese Unterhaltung wurde eine Weile von der Großen Parade unterbrochen, und die Zwillinge gaben ein entzückendes Paar ab, als sie ganz feierlich die Runde im Ring machten. Elizabeth führte die plötzlich ganz brave Tiny, und ihr Bruder hatte ein Taubenpaar auf der Schulter. Wie gewöhnlich war der Oberst bemüht, seinen Stolz zu verbergen, und man hörte ihn sagen, daß in seinen Augen der Star Erus Lamm sei, ein ausgesprochen mageres, gutmütiges Wesen, das gierig an jedem Grasbüschel zerrte, das ihm begegnete.

Wieder machte Christopher mir keine Ehre, denn Fritzi pflegte schon wieder seine schlechte Laune und zog störrisch nach hinten. Als er anfing, am Strick zu zerren, schoß mir die Röte ins Gesicht, und ich fürchtete das Schlimmste. Als es Fritzi plötzlich gelang, ihren kleinen Huf in die Sandale seines Besitzers zu zwängen und dann kehrt zu machen, schürfte es ein Stück Haut von Christophers Spann. Ich sah mich nervös um. Die Leute drängten sich nahe zusammen, und die Aussichten waren gering, daß sie die Worte meines Sohnes nicht hörten, wenn er die Beherrschung verlor. Es handelte sich um zwei Wörter mit fünf Buchstaben, von denen ich nicht ahnte, daß er sie kannte. Die Männer grinsten; die Frauen sahen mich an und taten dann wohlmeinend so, als hätten sie nichts gehört, was die ganze Angelegenheit für mich noch schlimmer machte. Ich ergriff die Flucht, und erst später entdeckte ich, daß ich Peters ganzen Blumenkohl gekauft hatte, und unser Garten war schon ohnehin mit diesem schrecklichen Blumenkohl angefüllt.

Auf die Große Parade folgte der Kostümmarsch. Dabei zeigten sich Einfallsreichtum und Phantasie der Kinder oder ihrer Eltern zusammen mit der unendlichen Geduld ihrer Tiere. Heute war eine ausgesprochen sonderbare Tieransammlung zusammengekommen, einige in Kostümen, andere mit Karren, die sie ziehen sollten. Als Star erwies sich Mr. Marshalls Esel, der den Marsch anführen sollte. Wie ich schon sagte, hatte dieser zurückhaltende und wenig liebenswürdige Mann dieses eine Haustier, einen kleinen zottigen Esel; er hatte ihn Leuten abgekauft, die ihn an einem Strand ausnutzten und ziemlich viel Geld damit verdienten, indem sie Kinder darauf reiten ließen. Als Mr. Marshall ihn kaufte, war er mager und abgearbeitet; seitdem hatte er auf der Koppel der Schule wie im Paradies gelebt und war zum Schrecken für die Nachbarschaft geworden.

Ob ihm die plötzliche Wende seines Glückes zu Kopf gestiegen war, oder ob er erst jetzt die richtige Eselnatur entwickelte, das kann ich nicht sagen. Aber statt ein sanftmütiges, bedrücktes kleines Wesen zu sein, das von einem elenden Leben gerettet worden war, wurde er plötzlich ein frecher, starrköpfiger Diktator. Er litt nur seinen Herrn und dessen Frau und achtete ihre Wünsche bis zu einem gewissen Grad, denn obwohl er den nachbarlichen Gärten manchen verheerenden Besuch abstattete, zerstörte er nie den von Mr. Marshall. Seine zarte Frau fütterte ihn aus ihrem Schlafzimmerfenster mit Leckerbissen, und beide liebten ihn abgöttisch. Heute sollte er einen kleinen Karren ziehen, in dem stolz das kleinste Kind der Schule, ein goldiges kleines Maori-Mädchen namens Janey, saß. Da Mr. Marshall selbst Hand anlegte, ließ er sich anschirren, trat den Karren nur einmal und die Zuschauer nur zweimal. Aber kaum spürte er die Deichsel, weigerte er sich, einen Schritt zu tun. Mr. Marshall ermunterte ihn liebevoll, und irgend jemand zerrte heftig an seinem Kopf. Die Antwort bestand darin, daß er sich hinsetzte und Janey aus dem Karren gehoben werden mußte. Da man ihn nicht dazu bewegen konnte, aufzustehen, bahnte sich der Rest der Prozession mühsam einen Weg um den liegenden Esel.

Aber das Ganze war ein Riesenspaß. Larrys geliebter Neufundländer, der aus irgendeinem geheimnisvollen Grund Mouse hieß, war vor einen kleinen Karren gespannt. Obwohl er gefügig war, wie es nun einmal in der Natur der Neufundländer liegt, gefiel ihm diese Prozedur nicht allzu sehr. Seine natürliche Würde litt, besonders da in seinem Karren ein kleines Entchen mitreiste. Das sollte, wie Larry sagte, beweisen, wie unheimlich gutmütig Mouse ist.

Ich sagte: »Aber eigentlich ist er ein Jagdhund. Beweist es nicht, daß er nicht wirklich scharf ist, wenn er so eng mit den Enten zusammenlebt?«

»Unsinn«, erwiderte Larry stolz. »Mouse tut, was ihm befohlen wird, und er weiß, daß er das Entchen in Ruhe lassen muß. Er hält einfach seinen natürlichen Jagdinstinkt unter Kontrolle.«

Ich erinnerte sie nicht daran, daß Sam vor Jahren bei einigen wenigen Gelegenheiten versucht hatte, Mouse auf die Jagd mitzunehmen, und daß er sowohl seinen Jagdinstinkt als auch die Enten vergessen hatte, beim ersten Schuß nach Hause flüchtete und sich unter Larrys Bett versteckte.

Aber obwohl Mouse gefügig war, zeigte er wenig Begeisterung. Er schlich vorwärts, ständig von Christina angetrieben und von der Menge der Einheimischen, die ihn liebten, freudig begrüßt. Ihm folgte Christopher, der Fritzi gegen meinen Willen vor meine Lieblingsschiebekarre gespannt hatte, die es später zu Kleinholz machte. Wie alle anderen Tiere war auch Fritzi kostümiert und sah in einem meiner alten Sonntagskleider, das bis auf den Boden hing und es noch mehr in Wut versetzte, sehr einnehmend aus. Mouse trug ein albernes Kostüm, das Larry aus buntem Papier selbst für ihn angefertigt hatte. Als ich ihr erklärte, daß jemand, der für Hunde schneidern konnte, dasselbe auch für sich und die eigene Tochter fertigbringen würde, erwiderte sie nur, daß man für Mouse leichter zuschneiden könne und es nichts ausmache, wenn das Kleid aus dem Leim ginge; es sei lange nicht so schlimm wie die gräßliche Näherei. Sehr bald gelang es Fritzi, sich von der störenden Schiebekarre zu befreien, als Christopher einen Moment nicht aufpaßte, um dann in den Gemüsegarten des Lehrers zu galoppieren, wobei es den Rest der Karre noch wegtrat. Ich fing es schnell und ganz heimlich wieder ein und konnte nur hoffen, daß Mr. Marshall glaubte, die Verwüstung bei seinen Möhren habe sein eigener Esel angerichtet. Ein kleiner Maorijunge hielt ein großes schwarzes Masthuhn liebevoll im Arm und sah es voll tiefer Zuneigung an; das Huhn trug eines von Patience Kleidern, das ich ihrer Mutter wohl vor einem Jahr geschenkt hatte. Es war ein gutmütiger Vogel, der auf seinem Ausflug durch den Ring mehrmals vor Vergnügen laut krähte. Andere Hunde und Vögel zogen kleine Kärrchen, einige waren einfach in Bänder und Tücher gehüllt, was sie bitter übelzunehmen schienen. Insgesamt waren es sechzehn Teilnehmer; jedes Kind hatte eine kleine Geldbüchse und klapperte vor den Zuschauern hoffnungsvoll mit den Münzen. Sie waren einfach herrlich, wenn sie entschlossen stehenblieben und dann mit flehenden Augen hochsahen.

So gaben wir natürlich sechzehn Mal etwas und kümmerten uns überhaupt nicht um die Anweisung, nur den besten Beitrag zu belohnen. Ich entdeckte nachher, daß ich mein ganzes Kleingeld ausgegeben hatte, Larry ging es genauso, aber wir bereuten es beide nicht. Die Schule würde einen schönen Betrag für ihr Schwimmbad bekommen, und die Kinder machten ein glückliches Gesicht.

Larry sagte liebevoll: »Sieh dir nur das Tempo von dem lieben Mouse an . . . Ungefähr eine Meile in der Stunde. Christina muß alles aufwenden, damit er sich überhaupt vorwärtsbewegt.«

Kaum hatte sie das ausgesprochen, als Mouse in wildes Temperament zu verfallen schien. Nicht nur Mouse. Hatte irgend jemand oder irgend etwas alle Hunde zu wildem und stürmischem Leben erweckt? Noch eine Minute zuvor hatten sie alle in ihren verschiedenen Kostümen schlechtgelaunt dahingedöst; jetzt hoben sie alle plötzlich ihre Nase, schnüffelten einmal, rasten dann in einem unheimlichen Tempo davon und zogen ihre Besitzer ein paar Schritte mit sich, bis die Kinder verzweifelt aufgaben. Die Prozession wurde zu einem wilden Durcheinander. Kleine Karren kippten um und zerbrachen; Kostüme flogen zu Boden, überall lagen Bänder, und auf einem nahen Zaunpfahl hatte das Masthuhn völlig außer sich Zuflucht gesucht. Sogar Mr. Marshalls Esel erwachte aus seinem Schlaf und stellte sich erwartungsvoll auf die Hinterbeine.

Aber es war jetzt kein Hund mehr zu sehen.

10

Eine Minute lang war die Aufregung unbeschreiblich. Dann hörte ich Tony lachen und sah, wie Larry losstürzte, um das Entchen zu retten, das in den Trümmern von Mouses Karren auf dem Kopf stand. Als nächstes erhob sich der Esel aus seiner komischen Sitzstellung und spazierte neugierig hinter den verschwindenden Hunden her. In weiter Entfernung sah ich ein unheimlich bekanntes Wesen, einen schwarz-braunen Hund, der wie ein Hase von all den anderen Hunden unter tapferer Führung von Mouse, dessen Tempo jetzt sein Alter vergessen machte, gehetzt wurde.

Nell war ungebeten zum ›Kälbchentag‹ erschienen.

Dann hörte ich, wie mein Mann einen ungewohnt deftigen Fluch ausstieß, in unseren Wagen sprang, mit gefährlicher Beschleunigung durch das Schultor fuhr und die Straße hinaufraste. Ich atmete erleichtert auf. Unser Auto mochte zwar alt sein, aber vierzig Meilen in der Stunde würden diese Hunde nicht schaffen. Sehr bald würde Paul Nell in den sicheren Wollschuppen zurückbringen.

Tony keuchte: »Aber wie hat er sich losgemacht und den langen Weg zur Schule zurückgelegt? Oh, Susan, so etwas Lustiges habe ich noch nie gesehen – guck' dir nur die ganzen zerbrochenen Karren und die zerrissenen Kleider an.«

Larry sagte: »Ich kann nur nicht verstehen . . .«, und dann stimmte sie, wie bei ihr nicht anders zu erwarten, in Tonys ungezügeltes Gelächter mit ein. »Oh, Susan, hast du Mouse gesehen? Ein Glück, daß dem armen Entchen nichts passiert ist. Ich habe es in unser Auto gesetzt und in Sams Schal eingewickelt, falls es einen Schock bekommen hat. Zu sehen, welches Tempo Mouse noch entwickeln kann, war schon allein die Sache wert . . . Aber wie in aller Welt konnte das passieren? Paul paßt doch so auf, daß Nell eingesperrt bleibt.«

Und das war nicht das einzig Sonderbare. Ich ging zu Peter hinüber, der in meiner Nähe stand. Er sah mich kommen, winkte hastig und murmelte: »Ich muß gehen ... komme zu spät«, und sprang in sein Auto. In der nächsten Minute war er weg und fuhr in Pauls Kielwasser. Peter wich mir absichtlich aus ... Was sollte das bedeuten? Larry sah auch erstaunt aus, aber es blieb keine Zeit, um sich in Spekulationen zu ergehen. Es gab viel zuviel zu tun. Das war natürlich das Ende der Prozession, und die kleinen Kinder liefen noch unglücklich herum und schwenkten ihre Geldbüchsen. Sam, der Sekretär des Ausschusses war, übernahm die Führung, und alle machten sich an die Arbeit, um den Schaden zu reparieren und den Boden von zerrissenen Kleidern, abgeworfenem Geschirr und zerbrochenen Karren zu befreien. Die anderen Tiere wurden weggeführt, und ich sah, wie der Oberst verstohlen einen Dollar in die verschiedenen Geldbüchsen steckte. Das Schwimmbad würde nicht zu kurz kommen, die Kinder sollten nicht enttäuscht werden.

Mr. Marshall gab sich wie üblich nicht viel Mühe und lief nur seinem kostbaren Esel nach, den er im Blumengarten des nächsten Nachbarn einfing. Aber der Ausschuß trommelte die Leute zusammen, lockte sie zu den Ständen und abgelegeneren Buden, damit sie Eis und Fruchtsaft tranken oder in ein Zelt gingen, wo wir Frauen Tee und Kuchen servierten.

Dann kam Paul, der sich im Zehn-Meilen-Tempo wütend einen Weg durch das Hundegewühl bahnte und ein zornverzerrtes Gesicht machte. Tony, die zu mir gekommen war, packte mich freudig am Arm und sagte: »Oh, Susan, schau dir nur seine grimmige Miene an! Wie gerne er die ganze Meute über den Haufen fahren würde.« Er wurde von seinen Freunden mit einem Schwall unzüchtiger Bemerkungen begrüßt, aber er nahm sie gutmütig hin und ging nicht darauf ein. Aber ich wußte, daß dies für einige Tage guter Erzählstoff in den Bars von Te Rimu sein würde, und das wußte er auch.

Paul ging elegant über die ganze Angelegenheit hinweg,

aber ich wußte, daß er insgeheim gedemütigt war, weil seine Nachlässigkeit fast das ganze Fest gesprengt hätte. Wie konnte das nur passieren? Ich wußte, daß er, bevor wir abgefahren waren, irgend etwas im Wollschuppen geholt hatte, aber er hätte nie vergessen, die Türe abzuschließen. Ich machte nicht den Fehler, ihn danach zu fragen, als wir uns trafen, sondern sagte nur fröhlich: »Gut, daß du rechtzeitig gekommen bist. Ist sie jetzt wieder sicher eingesperrt?«

Das ›jetzt‹ war falsch. Er brummte: »Natürlich ist sie sicher eingesperrt, genauso sicher wie heute morgen, als ich sie verlassen habe. Ich bin weder vorhin noch jetzt ein Risiko eingegangen. Ich habe sie angekettet und die Türe abgeschlossen, für den Fall, daß irgendein Idiot während unserer Abwesenheit kommen sollte. Ich frage mich nur, ob Peter etwas gesehen hat. Wo ist er übrigens?«

»Ich glaube, er ist nach Hause gegangen. Er ist ganz bald nach dir aufgebrochen. Komisch, denn er sagte, er würde dem Ausschuß beim Aufräumen helfen.«

Pauls Gesicht bekam einen sehr nachdenklichen Ausdruck. »Ich frage mich, warum er seinen Wagen vor dem Tor geparkt hat. Wahrscheinlich hat Christopher ihn darum gebeten.«

Larry, die dies hörte, sagte: »Susan, was ist mit ihm los? Warum fragt ihr, wo Peter seinen Wagen geparkt hat?« Dann sagte sie langsam: »Er hat doch Christopher mitgenommen, oder? Und ich kam nach euch an.«

»Ja, aber was ist los, warum mußt du lachen?«

Aber Larry wich mir genauso aus wie Paul, und ich war zu beschäftigt, um weiter über die Sache nachzudenken.

Der Oberst war mit seiner alljährlichen Aufgabe beschäftigt. Er hatte Anne veranlaßt, alle Süßigkeiten aufzukaufen und sie unter die Kinder aufzuteilen, und selbst tätigte er heimlich Einkäufe am Stand des Weißen Elefanten. Evans kämpfte wie gewöhnlich mit dem Ergebnis, und ich sah, wie er mit hochrotem Kopf fünf scheußliche Samtkissen, zwei Porzellanhunde und ein wirklich schreckliches Hirschgeweih zum Auto trug. Bei diesen Gelegenheiten fragte ich mich immer, wie das gutmütige Paar mit diesen gekauften Errungenschaften fertig wurde, und was er damit machte. Ich sah sie immer, wie sie im Auto des Oberst weggefahren wurden, später tauchten sie aber nie wieder auf.

Als der alte Mann schließlich zu seinem beladenen Wagen ging, sah ich, wie Christopher zu ihm rannte, im nächsten Moment zu uns zurückkehrte und so nebenbei verkündete, daß er diese Nacht beim Oberst schlafen würde. Das war nicht ungewöhnlich – aber zu meinem Erstaunen griff Paul diesmal ein und sagte: »Nicht heute nacht, vielen Dank, Oberst. Ich möchte, daß Christopher mir heute hilft, ein Geheimnis aufzudecken.«

Der Oberst sah überrascht aus, sagte aber nur: »Na ja, mein Junge, dann ein anderes Mal. Wie wäre es mit dem Wochenende, dann könnte Christina auch kommen? Und du kannst mir alles über das Geheimnis erzählen.«

Sehr verdrießlich stieg Christopher mit gerötetem Gesicht in unser Auto, und als wir nach Hause kamen, benahm er sich ungewöhnlich hilfsbereit, trug leere Kartons und leere Gefäße ins Haus und brachte die Bretter weg, die als Gerüst für einige Stände gedient hatten. Die ganze Zeit war er bemüht, seinem Vater aus dem Weg zu gehen. Sobald Paul den Wagen weggefahren hatte, ging er ins Haus und rief Peter an. Ich hörte ihn sagen: »Warum bist du einfach weggelaufen? Hast du das sinkende Schiff verlassen wollen?« und ich vermutete, daß Peter sich entschuldigte und Erklärungen abgab.

Dann sagte Paul: »Ich verstehe nur nicht, wie die Hündin 'rausgekommen ist. Ich habe sie angekettet und hinter verschlossener Türe zurückgelassen. Hast du einen Fremden gesehen, als du Christopher abholtest?«

Das verneinte er offensichtlich, worauf Paul sagte: »Sieh mal, Peter, ich will ja nicht, daß du irgendwelche Märchen erzählst, aber kannst du dir vorstellen, wie Nell zur Schule gekommen ist?«

Einen Augenblick später hängte er ein und kam mit finsterer Miene zurück.

»Was hat Peter gesagt?«

»Er fand es einfach gut, daß ich nicht wollte, daß er irgendwelche Märchen erzählt ... Wo ist der Junge?«

Christopher gelang es eine Zeit, seinem Vater auszuweichen, aber schließlich trafen sie sich an der Badezimmertüre, und Paul sagte: »So, Christopher, jetzt will ich die Wahrheit wissen. Hast Du Nell 'rausgelassen und in Peters Auto zur Schule gebracht?«

Ich drehte mich um und ergriff die Flucht. Paul konnte sehr streng sein, aber er lenkte immer ein, wenn ein Kind ein volles Geständnis ablegte und die Wahrheit sagte. Das tat Christopher und gab den bösesten Streich seines Lebens zu. Später erzählte mir Paul davon.

»Natürlich hat der kleine Teufel Nell aus dem Schuppen gelassen, bevor Peter ankam, so hatte der arme Kerl natürlich keine Ahnung, daß sie nicht frei 'rumlaufen sollte. Christopher hat ihm erzählt, daß er mit Nell bei der großen Parade erscheinen wollte, bat ihn jedoch, sie solange im Kofferraum zu lassen, daß es eine Überraschung für uns werden sollte, – was es auch war. Er fand irgendeine Ausrede, damit Peter vor dem Tor parkte, so daß die anderen Hunde sie nicht rochen, dann hat er sich weggeschlichen und sie mitten in der Parade 'rausgelassen. Den Rest kennst du ja ... Du kannst dir vorstellen, wie Peter sich fühlte. Kein Wunder, daß er abgehauen ist.«

»Wie ungezogen, und Peter auch noch hineinzuziehen!«

»Da müssen wir gerecht sein, ich glaube nicht, daß er daran gedacht hat. Wie er sagte, wollte er nur ›die Hunde rennen sehen‹ und seiner Freundin Christina die Möglichkeit geben, zu gewinnen. Er wußte, daß der alte Mouse ein gutes Tempo entwickeln würde, was er auch getan hat.«

»Für dich war es ziemlich schlimm.«

»Ja. Ich habe ihm erklärt, daß er mich vor dem gesamten Bezirk lächerlich gemacht hat, und das tat ihm leid ... Es war einfach nur einer von seinen albernen Streichen.«

Obwohl mich diese Ungezogenheit wirklich bestürzte, versöhnten mich die Worte des Kindes etwas, als ich ihm Gute Nacht sagte. Wir hatten ihn früh ins Bett geschickt – eine Woche kein Fernsehen, das war seine Strafe, und als ich in sein Zimmer ging, sah er aus, als hätte er heimlich eine Träne der Reue vergossen. Ich nahm keine Notiz davon und sprach nicht über den Vorfall. Das war Pauls Angelegenheit. Aber als ich das Licht löschte, sagte eine zaghafte Stimme: »Es war ziemlich gemein von mir, nicht? Aber ich habe das nicht gewußt ... Das heißt, vielleicht schon, aber ich habe gedacht, es wäre lustig.«

»Es war nicht sehr lustig für Vati, aber es ist gut ausgegangen.«

Am nächsten Morgen machte sich ein verlegener kleiner Junge mit hochrotem Kopf auf, um zu Peter zu reiten, denn Paul hatte darauf bestanden, daß er sich entschuldigte. Ich erfuhr nicht, wie es verlief, aber Peter war sicherlich freundlich und tolerant gewesen, denn er konnte gar nicht anders sein. Sie kamen gemeinsam zurückgeritten, und es wurde nicht darüber gesprochen, bis das Kind weg war, und Tony meinte: »Auf jeden Fall hat es Leben in den Kälbchentag gebracht! Trotzdem weiß ich nicht, was in Christopher gefahren ist.«

Peter, der Tony seit ihrer Verlobung mit Oliver kaum gesehen hatte, sagte ruhig: »Ich glaube, er weiß es selbst nicht. Als ich so alt war wie er, habe ich keinen Streich ausgelassen. Er fand es einfach lustig und glaubte, Christina würde mit Mouse gewinnen; er hatte keine Ahnung, welche Schwierigkeiten er den Leuten machte.«

»Und wie lächerlich er seinen Vater machte«, fügte Paul hinzu.

Peter wechselte das Thema und sagte freundlich zu Tony: »Dein guter Freund hat neulich nachts nach dem Kind meines Schäfers gesehen. Sehr nett von ihm, wegen einer Diphterie noch im Regen hinauszufahren. Die Mutter hat offensichtlich die Nerven verloren, und ich weiß nicht, was passiert wäre, wenn der Doktor nicht gekommen wäre. Aber er hat bestimmt geflucht, daß sein gemütlicher Abend gestört wurde.«

Tony strahlte über das ganze Gesicht. »Oh, Oliver flucht nie. Er weiß, daß das alles zu seiner Arbeit gehört – und so ist es auch«, schloß sie bestimmt.

Paul, der mehr als einmal erklärt hatte, man könne von Oliver nicht erwarten, daß er sein Leben auf dem Land verbringe, zeigte immer weniger Geduld mit Tonys albernem Benehmen. Er sagte: »Komisch, wie wir von einem Arzt einfach erwarten, daß er sich aufopfert und selbstlos ist. Keiner verlangt von einem Zahnarzt, daß er wegen schlimmer Zahnschmerzen nachts kommt, oder von einem Steuerberater, weil jemand über seine Einkommensteuer in Panik geraten ist. Man sollte meinen, daß ein Arzt einen Heiligenschein trägt und anders ist als jeder andere arbeitende Mensch.«

Aber Tony konnte das nicht hinnehmen. »Ein Arzt ist anders als andere Menschen. Er muß sich aufopfern.«

»Ein Heiliger von Geburt an, vermute ich, oder auf der Universität einer geworden«, spottete mein Mann.

»Na ja, seiner Arbeit hingegeben, wenn er sich dazu entschließt, und immer eingedenk des Eids, den er geschworen hat«, antwortete seine fanatische Nichte. »Wenn er an sich selbst denkt, taugt er nichts, besonders an einem Ort wie diesem. Oh, Oliver ist hier nicht wegzudenken.«

»Der arme Teufel«, war Peters gleichgültiger Kommentar, um die Diskussion abzuschließen, die allmählich hitzig wurde. Ich sah Tony liebevoll und mitleidig an und dachte, daß Peter dasselbe empfand, denn in seinem Blick lag eine unbewußte Zärtlichkeit. Aber er sagte zum Schluß nur: »Na ja, er ist bestimmt der beste Arzt, den wir hier hatten, und alle sind ihm sehr dankbar.«

Ein Lob für Oliver versöhnte Tony immer, und sie lächelte ihn warmherzig und bezaubernd an. Wenig später ging er, und ich spürte, daß dieser Blick mehr war, als er vertragen konnte. Armer Peter; mit meinem nichtsnutzigen Sohn und meiner schönen, aber übergeschnappten Nichte hatte er eine schwere Zeit.

Für dieses Jahr schloß die Schule ihre Tore, und Weihnachten stand bevor. Larry und ich kamen überein, daß wir bald der schrecklichen Tortur ins Auge sehen und die Schulsachen kaufen mußten; wir wollten in Te Rimu beginnen, wo man das meiste kaufen konnte, sobald Weihnachten vorüber war. Seit dem Aufruhr vom Kälbchentag schienen sich die Kinder etwas besser zu benehmen, und zumindest brauchten wir nicht mehr zu fürchten, daß die Schule Beschwerdebriefe nach Hause schickte oder Mr. Marshall uns in die Schule bestellte. Der Gedanke an ihre Internate schien sie nicht sehr zu beunruhigen, sondern sie hatten das tröstende Gefühl, daß alles noch lange Zeit hatte. Sie sprachen nie davon, sondern lebten in den Tag hinein, wie Kinder das tun.

Aber ich sollte nicht zur Ruhe kommen, denn eines Tages rief mich Dr. Barrett an und fragte, ob ich ihn bei meiner nächsten Fahrt nach Tiri besuchen würde, wenn er zu Hause wäre. Ich war überrascht und etwas beunruhigt, widerstand jedoch dem Verlangen, ihn zu fragen, ob ein Familienmitglied an einer tödlichen Krankheit leide, die bisher unerkannt geblieben war. Ich sagte, ich käme am nächsten Tag nach Tiri, und wir verabredeten, daß ich ihn dann besuchen sollte.

Sobald ich in seinem kleinen Wohnzimmer saß, sagte er: »Jetzt ist es gekommen, Susan, früher, als ich erwartet habe.«

»Was ist gekommen? Tu nicht so geheimnisvoll, Oliver.«

In seinem Gesicht spiegelte sich eine Mischung von Triumph

und Beunruhigung; er fing nun an, beim Sprechen rastlos im Zimmer auf und ab zu gehen. »Die Chance, auf die ich gehofft habe. Eine gute Stelle in der Stadt.«

»In der Stadt?«

»Natürlich. Guck nicht so erstaunt, Susan. Du hast doch sicher nicht angenommen, daß ich viel länger hierbleiben würde? Ich muß 'rauskommen, wo ich mehr lernen kann und bessere Chancen habe. Die Chance ist jetzt da. Es ist eine Klinik mit vier Ärzten, einer von ihnen nimmt eine Auslandsstelle an. Von den anderen kenne ich einen. Er hat vor mir Examen gemacht, und er ist vorzüglich. Die anderen beiden sind Spezialisten und machen eine Blitzkarriere. Der Arzt, den ich kenne, hat mir geschrieben, und das ist eine einmalige Chance.«

»Du meinst, daß du zusagst und uns verläßt?«

»Natürlich. Aber ich werde eine angemessene Frist lassen. Der vierte Mann geht erst in drei Monaten, aber natürlich wollen sie sofort eine Antwort. Sie haben keine Schwierigkeiten, jemanden zu bekommen, aber für mich ist das ein toller Fang. Ich habe Geld gespart und kann noch etwas aufnehmen. Gratuliere mir, Susan.«

Ich versuchte es, aber es kam nicht aus vollem Herzen, dann stotterte ich: »Aber Oliver, was ist mit Tony?«

Ich dachte, er würde erschrecken, aber er sagte: »Wenn sie sich erst an den Gedanken gewöhnt hat, wird sie sich freuen. Natürlich geht sie nicht gern von hier weg, aber sie muß gewußt haben, daß das eines Tages passieren würde. Zu der Praxis gehört außerdem ein Haus, so daß wir sofort heiraten können.«

Ich sagte langsam: »Ich – ich glaube, hier wirst du Schwierigkeiten bekommen, Oliver.«

Seine Stimme war verärgert. »Aber warum? Sie ist doch nicht dumm, und sie weiß, daß ein Arzt vorwärtskommen muß, genau wie jeder andere arbeitende Mensch. Sie kann doch nicht glauben, daß ich hierbleibe und immer dasselbe mache und nichts erreiche.«

»Ich glaube, sie meint, du erreichst hier, wo du bist, sehr viel.« Ärgerlich schob er seinen Stuhl beiseite, aber ich sah, daß er in der Defensive war und, was Tony betraf, keine allzu große Zuversicht hatte.

»Aber, was heißt hierbleiben! Natürlich war das für den Anfang gut und schön, und solange ich hier bin, tue ich mein Bestes. Aber so kann es nicht weitergehen. Tony muß genug Verstand haben, um das einzusehen.«

Sein Ton gefiel mir nicht, und er ermutigte mich zu fragen: »Hast du sie darauf vorbereitet?«

»Wie konnte ich? Der Brief ist erst vor zwei Tagen angekommen. Er kam völlig aus heiterem Himmel.«

»Ich meine, hast du sie immer darüber aufgeklärt, daß du hier nicht lange bleiben wolltest, und daß es nur ein Sprungbrett für deine Karriere war?«

Er sah mir nicht in die Augen, aber er sagte: »Nicht so richtig. Das Thema war nie aufgekommen, und für mich war die ganze Sache selbstverständlich.«

»Aber du hast oft gehört, wie Tony die Zukunft nach eurer Heirat geplant hat, und es ging immer um ein Leben hier.«

»Aber du mußt doch einsehen, daß das unmöglich ist.«

»Ich sehe das bei einem ehrgeizigen Mann und einem tüchtigen Arzt ein. Aber ich bin nicht Tony, und sie ist von der Vorstellung besessen, daß du eine Art Missionar bist. An Vorwärtskommen hat sie nie gedacht.«

»Lieber Himmel, sie konnte doch nicht erwarten, daß ich mein Leben an so einem miesen Ort verbringe.«

Ich hatte wohl einiges von Pauls Empfindlichkeit übernommen, denn ich sagte: »Ich rate dir, mit Tony nicht so zu sprechen. Sie ist nur allzu glücklich, ihr Leben an diesem miesen Ort zu verbringen und armen Menschen zu helfen.«

»Sie ist sehr jung. Wenn sie erst einmal die Freuden des Stadtlebens kennt . . .«

Ich unterbrach ihn nüchtern. »Als Tochter von Alister Smale

hätte sie diese Freuden jederzeit haben können, aber sie zieht diesen Ort vor. Wie du schon sagtest, sie ist sehr jung, aber sie ist auch sehr starrköpfig, und ich fürchte, hier wird sie ihre Meinung nicht ändern.«

»Aber sie würde doch bestimmt nicht zögern, wenn sie zwischen diesem Leben und mir wählen müßte?«

Aber ich meinte, in seiner Stimme Zweifel zu hören, und jetzt sagte er: »Das wäre absolut kindisch und unvernünftig.«

»Da gebe ich dir recht, ich habe dir gesagt, daß sie unreif und albern ist. Sie erwartet wirklich von jedem, daß er bereit ist, sich für die Nöte des Hinterlandes aufzuopfern.«

»Aber Mangel an Ärzten herrscht überall, in der Stadt wie auf dem Land. Und wenn ein Arzt nützen soll, muß er auf dem neuesten Stand bleiben. Was wäre ich in zwanzig Jahren noch wert, wenn ich hierbliebe?«

»Das stimmt. Oliver, du brauchst mich nicht zu überzeugen. Ich sehe das alles ein und verstehe deinen Standpunkt sehr gut. Ich fürchte nur, daß Tony es nicht begreifen wird.«

»Das kann ich nicht glauben. Nicht, wenn sie mich liebt. Und sie liebt doch mich, oder? Doch nicht nur den Hinterlandarzt?«

Er hatte genau das in Worte gekleidet, was ich fürchtete. Ich sagte langsam: »Oliver, ich weiß es wirklich nicht. Natürlich sind ihre Vorstellungen ausgesprochen kindisch, aber sie ist noch keine zwanzig.«

»Aber heutzutage kennen Mädchen mit zwanzig ihren Vorteil ganz genau.«

Schon wieder dieser herrische Ton. Ich sagte schnell: »Tony wußte immer, daß sie alle Vorteile im Leben haben konnte. Ich weiß nicht, warum sie so von diesem Leben besessen ist. Bei uns liegt die Schuld jedenfalls nicht.«

»Nein, aber sie hat eure Lebensauffassung unbesehen übernommen. Wegen dir, Larry und Anne hat sie das Hinterland durch eine rosarote Brille gesehen ... Mir hat es hier ja gefallen, aber weder wegen des normalen Lebens im Hinterland noch wegen der Leute im Hinterland. Von meinem Standpunkt aus war es gut so. Ich habe die Erfahrung gemacht, die ich machen wollte, und, was noch viel wichtiger ist, diese Erfahrung hat mir Tony gebracht. Aber ich könnte hier nicht lange zufrieden sein, und jetzt ist die Gelegenheit gekommen, das Hinterland für etwas ziemlich Gutes einzutauschen.«

Aber hatte sie ihm wirklich Tony gebracht? Ich war nicht so sicher. Es war jedoch nicht meine Angelegenheit, Stellung zu nehmen, und als er plötzlich sagte: »Susan, du verstehst das doch? Du wirfst mir doch nicht vor, daß ich gehe?« sagte ich: »Natürlich nicht, Oliver«; dann mußte ich einfach hinzufügen: »Ich werfe dir nur eines vor.«

»Was?«

»Daß du Tony nicht reinen Wein eingeschenkt, sondern sie in dem Glauben gelassen hast, du wolltest hierbleiben. Oh, ja, Oliver, das hast du getan. Sei ehrlich zu mir. Du hast ihre Liebe wachsen lassen, ohne ihr zu sagen, wie deine wirklichen Pläne und Ziele aussahen.«

Er schwieg eine Minute, dann sagte er unglücklich: »Vielleicht habe ich das getan, aber kannst du mir das vorwerfen? Ich mußte sie einfach haben.«

Das war so aufrichtig, daß es mich entwaffnete und ich nur sagen konnte: »Natürlich meinst du, daß du diese Gelegenheit ergreifen mußt. Aber mußt du Tony all das jetzt eröffnen? Es ist nur noch eine Woche bis Weihnachten. Laß' es ein glückliches Weihnachten sein. Tante Kate kommt zurück. Sie hat das Haus ihrer Familie verkauft. Wir werden ganz allein sein. Sag es Tony hinterher.«

Er zögerte, und ich wußte, daß es von mir egoistisch und feige gewesen war. Dann sagte er: »Ich kann ihnen nicht zumuten, lange auf meine Antwort zu warten. Es ist eine einmalige Gelegenheit. Aber wenn du es so für besser hältst, werde ich es Tony erst nach Weihnachten sagen. Inzwischen schreibe ich ihnen, daß ich in drei Monaten komme, wenn nichts Unvorhergesehenes passiert. Schließlich war ich dann ein Jahr hier, Susan, doppelt so lange, wie ich versprochen habe. Niemand darf sich gekränkt fühlten.«

»Bis auf Tony«, sagte ich, und dann tat es mir sofort leid. »Natürlich ist sie selber schuld, wenn sie Schwierigkeiten macht. Es würde nur beweisen, daß sie ausgesprochen unreif ist und dich . . . Oh, vergiß es, ich wünsche dir alles Gute, Oliver.«

Aber es war eine Belastung für mich, ich spürte, daß es mir Weihnachten verderben würde, und dabei hatten wir uns auf so ein glückliches Weihnachtsfest gefreut. Zumindest würde es herrlich ruhig sein, denn meine Eltern verbrachten das Fest bei Dawn, Larrys Onkel, Richard und Lydia waren in Übersee, und ein paar barmherzige Freunde hatten Sams Mutter für eine Woche zu sich eingeladen, was sie einer Reise ins Hinterland bei weitem vorzog. Es blieben also nur unsere drei Familien, Peter, der Oberst und Miss Adams übrig, und diesmal war Larry an der Reihe, die Feier bei sich abzuhalten. Ich würde nicht viel zu tun haben, mich aber die ganze Zeit unglücklich fühlen, denn ich hatte Oliver versprochen, niemandem etwas zu erzählen.

Um unser glückliches Weihnachtsfest noch vollkommener zu machen, kehrte Tante Kate einen Tag vorher zurück. Sie war länger als erwartet geblieben, denn das alte Haus ihrer Eltern war nicht leicht zu verkaufen gewesen. Jetzt kam sie mit einer äußerst erstaunlichen und fröhlichen Nachricht zurück – sie hatte ein anderes Haus gekauft, diesmal in unserem eigenen Zentrum, in Te Rimu.

»Dann wirst du ganz in der Nähe sein, für immer«, sagte Larry glücklich, und Miss Fletcher tat ihr Bestes, um ihre Freude nicht zu offen zu zeigen.

Es war das Erfreulichste, was seit langem geschehen war. Alle freuten sich, und ich sagte zu Larry: »Ich möchte nur wissen, ob sie das schon beabsichtigte, bevor sie wegfuhr.«

»Ich habe keine Ahnung, und ich mag sie auch nicht fragen. Offensichtlich hat sie genau das entdeckt, was sie wollte, und ich habe ihr versprochen, daß wir nächste Woche nach Te Rimu fahren, um uns das Haus anzusehen.«

Das taten wir, und es gefiel uns sehr gut – ein freundliches Haus mit drei Schlafzimmern und einem großen altmodischen Garten, aber uns schien es einen Nachteil zu haben. Es lag zu nahe an einer lauten Volksschule. Als ich wagte, dies zu erwähnen, fuhr mich Kate sofort an.

»Unsinn, Susan. Ich mag den Lärm von spielenden Kindern, und ich beobachte gern, wenn sie in die Schule gehen und sie wieder verlassen. Siehst du, da ich nicht den Vorzug habe, Mutter zu sein, liebe ich Kinder.«

Ich sagte müde: »Was mich betrifft, meine kannst du haben. Ihre Ungezogenheiten übersteigen meine Kräfte.«

»Das ist nicht richtig«, brummte Kate, und ich mußte einfach denken: ›Kinder und alte Jungfern‹, aber ich war trotzdem etwas gereizt. Das relativ gute Stadium war vorüber, und sie ließen wieder keinen Streich aus, der ihnen einfiel. Ich sagte: »Ich hasse den Gedanken an die Schule, aber vielleicht ist es eigentlich ein Segen. Auf jeden Fall fangen wir jetzt besser an, die Schulsachen zu kaufen, Tante Kate.«

»Müßt ihr deshalb in die Stadt fahren?«

»Für die Schuluniformen selbst ja, aber es sind noch viele andere Dinge zu besorgen, die wir in Te Rimu bekommen können. Am besten fahren wir gleich am Montag.«

Das taten wir, aber die Kinder ließen wir zu Hause. Da es noch nicht darum ging, die Uniformen anzufertigen, brauchten wir sie nicht, und der Tag versprach anstrengend zu werden. Das war er auch – und noch teuer dazu, so kehrten wir beide absolut unzufrieden nach Hause zurück. Wir hatten viel Geld ausgegeben, und das Schlimmste stand noch bevor. Die Dinge, die wir heute gekauft hatten, gehörten zu jeder normalen Schulausstattung; was noch fehlte, war ausgefallener und teurer.

Wir versuchten jedoch, uns nichts daraus zu machen, und als wir ausgepackt hatten, beschlossen wir, einige der gekauften Kleider anzuprobieren. Ich war zu Larry gefahren, um Christopher abzuholen, der den Tag unter Tante Kates Aufsicht verbracht hatte; wir riefen die Kinder ins Haus und bemühten uns, ihnen so fröhlich wie möglich zu erzählen, daß wir jetzt eine ›Kostümparade‹ abhalten würden. »Ein paar schöne Kleider, die ihr im nächsten Jahr für die Schule braucht«, sagten wir und zogen Christopher seine neuen grauen Shorts und sein Hemd an, während Larry ihrer Tochter das ›adrette Sommerkleid, das jeden Nachmittag getragen wird‹, über den Kopf streifte.

Dann sagten wir fröhlich: »Jetzt schaut euch an. Seht ihr nicht schon ganz anders aus?«

Eine lange Minute blickten sie sich an, beäugten ihre neue Ausstaffierung und sagten nichts. Dann brach Christina ganz plötzlich in Tränen aus und schluchzte: »Ich mag die Kleider nicht. Ich will nicht zur Schule gehen, Mammi, ich hasse diese Schule. Ich gehe da nicht hin.«

Zu meinem Entsetzen und Erstaunen sagte Christopher mit erstickter Stimme: »Ich will auch nicht gehen. Ich hasse die Schule. Ich gehe nicht hin«, und er kämpfte hart mit den Tränen.

Es folgte eine äußerst mühsame Szene, bei der wir versuchten, sie zur Vernunft zu bringen, ihnen die Vorteile und Freuden der Schule zu erklären und uns die ganze Zeit als Heuchler und Ungeheuer zu fühlen. Aber wir blieben hart. Sie mußten hingehen.

Larry sagte schließlich bestimmt: »Komm, Christina, es hat überhaupt keinen Zweck, so weiterzumachen. Es ist beschlossen. Ihr geht zur Schule. Nächste Woche fahren wir in die Stadt, um den Rest der Schulsachen zu kaufen, und ihr kommt mit. Hört also mit dem Unsinn auf.«

Aber Christopher hörte nicht auf, bis ich mit derselben falschen Bestimmtheit sagte: »Jetzt reicht es. Ich lasse nicht mehr mit mir darüber reden, und ich will auch von euch nichts mehr hören. Es ist alles beschlossen und festgemacht. Das Geld ist gezahlt, und ihr seid angemeldet, also findet euch damit ab.« Als er wieder anfing, nahm ich ihn beim Arm, führte ihn aus dem Zimmer und sagte mit einer Entschlossenheit, die ich später immer wieder bereuen sollte: »Jetzt wird nicht mehr davon gesprochen.«

Das taten sie auch nicht – nicht mit uns, aber wir waren ziemlich sicher, daß sie gemeinsam darüber sprachen. Jetzt war ihnen bewußt geworden, daß sie von ihrem Zuhause getrennt wurden und zu einer Stadtschule gehen sollten, und diese Erkenntnis schien sie plötzlich völlig zu verwandeln. Es war natürlich unser Fehler, ihnen zu sagen, sie sollten mit uns nicht darüber sprechen, denn nun waren sie auf sich selbst angewiesen und wurden enge Verbündete. Ein- oder zweimal kamen sie wieder auf das Thema, aber die Männer unterstützten uns, als wir sagten, daß die Angelegenheit ein für allemal abgeschlossen sei. Sie sahen sich mit vielsagenden Blicken an, und dann hörte ich Christopher sagen: »Wir müssen das noch überlegen.« Christina antwortete: »Ich glaube, ich weiß was – ich sage es dir draußen, und ich werde es tun, egal, was du sagst.« Da Christinas Einfälle selten realisiert wurden, beunruhigte mich das nicht weiter, aber bald hatte ich Grund zu merken, daß es sich diesmal nicht um eine leere Drohung handelte.

Es war Neujahrstag, und wir wollten sie in zwei Tagen mit in die Stadt nehmen und dort übernachten. Tony und Oliver waren bei Larry, Paul und ich auch, denn wir hatten beschlossen, um fünf Uhr gemütlich zusammenzukommen und etwas zu trinken. Die Zwillinge waren früher eingetroffen, und alle Kinder ritten auf der Farm, während ihre Eltern friedlich unter den Bäumen saßen und versuchten, nicht an die bevorstehende Trennung und die Gefühle der Kinder zu denken. Plötzlich hörte ich, wie Christopher ganz verzweifelt schrie.

»Komm schnell, Mutter. Es ist etwas passiert, ich glaube, Christina ist tot.«

Larry war zuerst da, Sam direkt hinter ihr, aber Paul und ich belegten einen guten dritten Platz. Die Szene in der Koppel werde ich nie vergessen. Die Ponys standen ohne Reiter mit hängenden Zügeln da, und die Kinder drängten sich um den schrecklich reglosen Körper von Christina. Einen Augenblick lang dachte ich, Christopher hätte recht gehabt.

Aber das war natürlich Unsinn. Christina war vom Pferd gefallen und hatte das Bewußtsein verloren. Sie öffnete schon wieder die Augen, als Tony und Oliver herbeigeeilt kamen. Sam trug seine kleine Tochter ins Haus, und Larry begann sehr blaß, aber bewußt ruhig, ihren Kopf mit kaltem Wasser zu behandeln. Die Diagnose dauerte nur eine Minute. Christina hatte nichts gebrochen, aber sie war bewußtlos gewesen, und wahrscheinlich hatte sie eine Gehirnerschütterung. Sie mußte eine Weile ruhig im Bett bleiben, es gab keinen Grund zur Panik.

Irgendwie kehrten wir zu unserem friedlichen Neujahrstag zurück und machten schnell Tee, um die Geister wieder zu beleben. Als wir allein waren, sprach Larry aus, was mich die ganze Zeit bewegt hatte.

»Susan, wie konnte das nur passieren? Ich habe Christopher gefragt, aber er war verschlossen und barsch. Er sagte, jeder würde mal 'runterfallen, und vermutlich sei Jill gestolpert. Aber wie ist das möglich auf einer absolut ebenen Koppel, und wie hätte Christina selbst dann 'runterfallen sollen?«

»Christopher hat vielleicht recht. Sie kann gestolpert sein.«

»Das tut sie nie, und ich habe die Zwillinge einzeln gefragt, was passiert ist. Sie haben beide gesagt, daß Christina Jill galoppieren ließ und dann 'runtersprang. Aber warum? Was sollte so ein wahnsinniges Spiel? Aber Mark hat dasselbe erzählt. ›Wir haben nicht gespielt. Jill ist schnell galoppiert, und plötzlich ist Christina 'runtergesprungen und hart auf dem Boden aufgekommen.‹«

»Das kann man wohl sagen, das arme Kind.«

Die Kinder gingen mit den Pferden normalerweise vernünftig um; so etwas Wahnsinniges hätte sie nicht getan. Ich sagte nichts von meinem Verdacht; es war Unsinn und würde Larry nur aufregen.

Aber Larry selbst stolperte über die Wahrheit. Sie war in das Zimmer gegangen, wo Christopher Christina für ein paar Minuten besuchen durfte, und sie kam mit bestürztem Gesicht zurück und winkte Kate und mich in die Küche.

»Susan, weißt du, was ich Christopher sagen hörte, als ich in das Zimmer kam? ›Du hast ja dein Bestes getan, aber eine Gehirnerschütterung nützt nichts. Beim nächstenmal müssen wir uns etwas brechen. Diesmal bin ich dran.‹«

Wir starrten einander an und ich merkte, daß Christinas Einfall diesmal Wahrheit geworden war. Kate ergriff jetzt entschlossen das Wort: »Ihr seht, was die Schule aus ihnen macht! Ich weiß, es ist sehr ungezogen, aber sie sind entschlossen alles zu tun, um nicht hingehen zu müssen. Weil ihr die Kleider gekauft habt, haben sie gemerkt, daß sie wirklich von zu Hause weggeschickt werden, die armen Kleinen.«

Larry und ich schwiegen einen Moment, dann sagte sie ruhig: »Es ist wirklich gräßlich, aber was können wir tun? Sie müssen gehen.«

»Warum? Warum muß man zwei kleine Kinder von zu Hause losreißen und sie in Internate einschließen?«

In ihrem Mund klang es wie ein richtiger Vorwurf, als hätten wir uns absichtlich der Grausamkeit schuldig gemacht. Das konnte ich nicht verkraften und platzte böse los: »Was hätten wir sonst tun können? So geht es nicht weiter. Sie waren in letzter Zeit in der Schule schrecklich ungezogen und ungehorsam. Mr. Marshall hat es uns gesagt und er will, daß sie gehen. Natürlich interessiert er sich überhaupt nicht für sie und er wird bleiben, weil es seiner Frau gut bekommt. Und selbst wenn er geht, würde etwas Besseres nachkommen? Gute Lehrer kommen nicht hierher. Sie sind ehrgeizig.« Wie gute Ärzte, dachte ich verzweifelt. Für mich wurde das Leben zu kompliziert, und es war Neujahr.

Tante Kate sagte ruhig: »Ihr könnt etwas anderes tun.«

Larry wurde ungeduldig. »Oh, Tante Kate, jetzt fang nicht wieder damit an, daß Lernen unwichtig ist, daß sie aus ihrer Ungezogenheit herauswachsen und wir sie noch ein oder zwei Jahre wild herumlaufen lassen sollen. Das können wir nicht tun. Darin sind wir uns einig.«

»Ich wünschte, ihr würdet mir nicht einfach irgend etwas in den Mund legen, dazu noch so etwas Albernes. Natürlich ist Lernen wichtig, allerdings nicht so wichtig, wie manche Leute meinen. Aber wichtig ist, daß man lernt, mit allen möglichen Menschen zusammenzuleben, und das haben eure Kinder nicht gelernt. Sie haben wie in einem Treibhaus gelebt.«

»So ein Unsinn!« Jetzt konnte ich mich nicht beherrschen. »Nichts könnte einem Treibhaus weniger ähnlich sein. Vielleicht laufen sie wild herum, aber sie sind abgehärtet.«

»Susan, du bist genauso blind wie Larry. Ich meine, sie haben nicht gelernt, sich unter andere Leute zu mischen. O ja, sie mögen die Maori-Kinder in der Schule, sie haben keine Rassenvorurteile, Gott sei Dank. Aber seht euch nur euren schönen ausgewählten Zirkel an, den Oberst und Miss Adams, eure drei Haushalte, Julian und seine liebe Frau, wenn sie hier sind, und Peter Anstruther. Alle vom selben Schlag. Sehr nette Leute, aber nicht dazu geschaffen, den Kindern beizubringen, wie man mit anderen auskommt. Sie müssen Menschen kennenlernen, die nicht so nett sind.«

»Das werden sie wahrscheinlich, wenn sie ins Internat kommen. Ich habe dort viele nette Mädchen kennengelernt, aber in meinem erstklassigen Internat gab es auch ein paar absolut verdorbene«, sagte Larry böse.

»Aber warum schickt ihr sie in Internate? Sie sind noch zu

Bei mir werden sie schon anständig sein, wahrscheinlich, weil ich ihnen gleichgültiger bin.«

Ihre Stimme war traurig, und ich fing zusammen mit Larry an zu sprechen. Larry sagte: »Sie sind dir gegenüber alles andere als gleichgültig«, und ich fügte hinzu: »Sie haben dich von der ersten Minute an in ihr Herz eingeschlossen«; ich sagte jedoch nicht, daß ich mich manchmal fragte, warum.

Kate versuchte, ihre Freude zu verbergen. »Na ja, um ehrlich zu sein, ich habe Kinder immer gern gehabt, und diese armen Kleinen immer ganz besonders. Das sind Kinder, die ich verstehe, die ich mir immer als eigene erträumt habe.«

Ich hoffte, daß sie in unseren Kindern etwas davon wiederfinden würde, obwohl es im Augenblick wahrscheinlicher war, daß sie Alpträume bekam.

Wir saßen ein oder zwei Minuten lang still, und dann fragte Larry vorsichtig: »Tante Kate, hast du wirklich darüber nachgedacht? Hast du alles genau und gründlich überlegt?«

Kate runzelte die Stirn. »Wirklich, Larry, nur weil du selbst so ein Wirrkopf bist, brauchst du nicht von allen anderen dasselbe anzunehmen. Natürlich habe ich lange darüber nachgedacht, seitdem ich merkte, welche Auswirkung das bevorstehende Leben im Internat auf die Kinder haben würde. Ich habe nichts gesagt, bevor ich nicht wirklich sicher war.«

»Aber wird es deine Freiheit nicht beeinträchtigen, dein Recht, zu tun und zu lassen, was du möchtest?« fragte ich unklugerweise.

»Jetzt hört endlich mit dem Unsinn auf. Es wird keine harte Arbeit sein. Ihr solltet genug von harter Arbeit verstehen, um zu wissen, daß ein völlig bequemes, modernes Haus und zwei Kinder, die den ganzen Tag über weg sind und nur fünf Tage in der Woche bleiben, einem normalen Menschen nichts ausmachen dürfen. Ich weiß natürlich, daß ihr modernen jungen Dinger jede anständige Arbeit scheut, wenn ihr könnt, aber ...«

Wir lehnten es ab, darauf zu antworten, sondern lachten nur und blieben hartnäckig beim Thema. »Aber du bist doch angebunden. Das kannst du nicht leugnen. Du mußt da sein, wenn sie aus der Schule kommen. Du mußt abends zu Hause bleiben.«

»Na und? Glaubt ihr, ich möchte abends Nachtklubs besuchen und ein lustiges Leben führen? Wenn ich das will, kann ich es noch immer an den Wochenenden tun, und drei Nächte sollten jedem genügen. Um drei Uhr zu Hause zu sein ist auch nicht schwierig, oder meint ihr, ich sehne mich nach Kaffeekränzchen oder will mit alten Frauen Golf spielen? Ihr solltet wirklich etwas vernünftiger denken.«

»Trotzdem, es wird dich einengen«, drängte Larry, und plötzlich wurde Kates Stimme sanfter. »Vielleicht möchte ich mich einengen lassen. Vielleicht möchte ich nicht nur für die Katze sorgen, die ich bestimmt haben werde. Könnt ihr nicht verstehen, daß ich einsam sein werde?«

Das war eine Antwort, vor der Larrys und meine Bedenken verschwanden.

»Für uns wäre es der Himmel auf Erden«, gab ich zu. »Du kannst dir gar nicht vorstellen, was es bedeutet zu wissen, daß sie glücklich sind und jedes Wochenende nach Hause kommen können. Sie würden langsam von zu Hause entwöhnt, nicht so plötzlich.«

»Es ist vielleicht albern, aber mir war diese Internatsgeschichte immer schrecklich«, sagte Larry. Dann lachte sie traurig. »Aber natürlich heißt das, daß sie gewonnen haben. Die kleinen Ungeheuer haben uns geschlagen.«

»Warum auch nicht? Warum nicht eine Niederlage einstekken, wenn ihr einen Fehler gemacht habt? O ja, ich weiß, damals gab es keine Alternative, aber jetzt gibt es eine, und wenn eure Männer den Einfall gut finden, sehe ich nicht ein, warum ihr nicht ohne weiteres Gerede zustimmt? Diese kleinen Schwerenöter brauchen doch nie zu erfahren, daß es etwas mit ihrem dummen Streich zu tun hatte. Außerdem war das auch nicht so. Es hat mich nur davon überzeugt, daß mein Einfall gut war. Ich tue, was mir Spaß macht, und darauf habe ich ein Recht.«

Ihr Ton war angriffslustig, also widersprachen wir nicht weiter. Wir hatten auch nicht das Bedürfnis.

Abgesehen von allem anderen wurde es billiger. Kate würde sich hier natürlich auf eine vernünftige Abmachung einlassen.

»Ich biete es euch nicht umsonst an, denn ihr würdet es doch nicht annehmen. Aber ich will auch keinen Gewinn machen. Ich möchte nur einen vernünftigen Betrag, der die Ausgaben für die fünf Tage abdeckt, und über dieses Thema werden wir keinen dummen Streit anfangen. Ich werde das alles ausrechnen und die Unkosten feststellen, und damit ist es gut«, sagte sie wildentschlossen, und die Männer wurden so eingeschüchtert, daß sie zustimmten.

»Natürlich wären wir irgendwie mit den Gebühren fertig geworden«, sagte Paul, »aber es wäre schwierig gewesen. Und die Kinder werden glücklich sein.«

»Und sie haben gewonnen«, kommentierte Sam, aber wir erzählten ihm, daß Kate gesagt hatte, man dürfe sie nicht in dem Glauben lassen, ihr Verhalten von neulich habe etwas mit dieser Regelung zu tun. »Außerdem glaube ich auch nicht, daß es etwas damit zu tun hatte«, sagte Larry. »Ich glaube, Kate hatte sich das schon am Anfang in den Kopf gesetzt, als sie herausfand, wie gern die Kinder sie mochten. Schließlich sind wir alles, was sie noch an Familie hat, abgesehen von Mrs. Lee, und die zählt nicht. Die gute alte Kate sehnt sich nach Liebe.«

»Für uns ist sie wirklich eine Gottgesandte«, sagte Paul mit mehr Begeisterung, als er normalerweise zeigte. »Ich mochte sie schon immer gern, aber ich hätte mir nie träumen lassen, daß sie so ein rettender Engel wäre.«

»Schön, es den Kindern sagen zu können«, sagte Sam, »und zu sehen, wie sie reagieren.«

In diesem Punkt wurden wir nicht enttäuscht. Als wir es

ihnen erzählten, waren sie einen Augenblick wie vom Schlag gerührt, und dann sagte Christina langsam: »Bei Tante Kate wohnen? Abends zu ihr gehen und an den Wochenenden zu euch? Dann brauche ich diese gräßlichen Kleider nicht zu tragen und nicht in die scheußliche Schule zu gehen.«

»Nein, das brauchst du nicht – und ich brauche keine Kleider mehr zu kaufen«, stimmte ihre Mutter fröhlich zu.

Christopher sagte gar nichts, sondern stand nur da, und sein Gesicht wurde immer röter. »Jedes Wochenende unsere Ponys haben? Nicht in einem Schlafsaal mit vielen anderen Kindern schlafen? Oh, Klasse!«

»Ja, so wird es sein, darum hoffe ich, ihr werdet bei Tante Kate sehr brav sein und ihr keine Sorgen machen«, sagte ich, fest entschlossen, die Gelegenheit beim Schopf zu packen.

Einen Moment dachte ich, er würde gleich weinen. Dann schluckte er fest und sagte ruhig: »Ich mag Tante Kate gern. Ich habe sie schrecklich lieb. Es wird schön sein, bei ihr zu wohnen, auch wenn wir jeden Tag zur Schule gehen müssen.«

»Das müßt ihr ganz bestimmt, in eine große Schule mit Hunderten von anderen Kindern, und dort müßt ihr hart arbeiten und euch gut benehmen.«

Christinas Gesicht wurde länger. »Eine große Schule? Hunderte von anderen Kindern?« stammelte sie und war den Tränen nahe. Wie früher kam ihr Christopher zur Hilfe.

»Das macht nichts. Ich bin ja da«, sagte er mit dem herrlichen Selbstbewußtsein der Männer. »Ich werde mich um dich kümmern, und sobald die Schule aus ist, laufen wir nach Hause zu Tante Kate. An den Wochenenden werden wir reiten und reiten und brauchen gar nicht 'runterzufallen, um uns irgend etwas zu brechen.«

Hier hielt er inne und sah aus wie ein Sündenbock. Larry und ich gingen völlig über diesen Ausrutscher hinweg. Sie durften nie glauben, daß sie durch ihre eigene Ungezogenheit gewonnen hatten. Außerdem stimmte es auch nicht. Das war nicht Tante

Kates Art. An diesem Abend ging ich sehr glücklich zu Bett. Eine schreckliche Sorge war ich los. Natürlich wußten die Kinder nicht, wie ganz anders ihr Leben in der Schule sein würde, aber ihr Leben zu Hause würde glücklich und nicht zu verändern sein. Ich sagte zu Paul: »Heute nacht werde ich besser schlafen, und Larry auch.« Dann fiel mir ein, daß eine große Sorge blieb, und ich seufzte tief. Paul grinste.

»Aber du wirst bestimmt noch etwas finden, worüber du dir den Kopf zerbrechen kannst. Was ist es diesmal?«

Da ich wußte, daß Oliver Tony am nächsten Tag alles eröffnen würde, erzählte ich Paul die ganze Geschichte. Natürlich enttäuschte er mich, weil er einen sehr praktischen Standpunkt einnahm. »Aber mach' kein so tragisches Gesicht. Es mußte doch so kommen, und es ist gut, daß es jetzt gekommen ist. Du weißt, daß du dich mit dem Gedanken an diese Heirat nie richtig anfreunden konntest. Jetzt wird die Sache nach der einen oder der anderen Seite entschieden.«

»Nur nach der einen Seite, glaube ich.«

»Das weiß ich nicht so genau. Wenn Tony wirklich in ihn verliebt ist – und das ist sie ganz sicher – dann wird sie tun, was jede Frau tun muß, sich nämlich dem Leben anpassen, das ihr Mann gewählt hat. Wenn sie das nicht will, ist es besser, sie entscheidet sich bald.«

Ich wußte, daß er recht hatte, erklärte ihm jedoch, daß man von ihm als Tonys Vormund, solange sie in Neuseeland blieb, sicherlich gute Ratschläge erwartete.

»Ich frage mich, was deine Schwester denken wird, wenn Tony ihre Verlobung löst und weiter in Tiri im Laden arbeitet. Sie wird bestimmt wütend sein. Sie war so dankbar, als Tony sich entschlossen hatte, wieder standesgemäß zu leben.«

»Ist es wichtig, was Claudia sagt? Sie wird Tony nicht beeinflussen.«

»Nein, diesmal wird sie nichts beeinflussen – weder Alister noch wir. Sie wird ihren eigenen Weg gehen.«

»So sollte es auch sein, es sei denn, Oliver wäre der richtige Mann, dann wird sie seinen Weg gehen.«

»Das glaube ich nicht, und ich habe Angst, daß sie es später bereut.«

»Das glaube ich nicht, außerdem weißt du, daß Tony schon einmal ein gebrochenes Herz hatte und ganz gut darüber hinweggekommen ist.«

Ich sagte hitzig: »Das ist etwas ganz anderes. Sie war ein romantisches kleines Mädchen, als sie sich in Norman Craig verliebte.« (Das war der Pfarrer, der doppelt so alt war wie sie, und den sie mit siebzehn angebetet hatte.) »Diesmal hat sie sich entschlossen, einen Mann zu heiraten. Sie hat mit ihm gearbeitet, ja fast sein Leben geteilt. Sie bewundert ihn sehr oder bewundert zumindest seine Arbeit, und ich bin sicher, daß sie ihn liebt oder es sich einbildet.«

»Na ja, es ist ihre Entscheidung. Wenn sie ihn liebt, wird sie mit ihm gehen. Es ist von einem Mädchen wirklich nicht zuviel verlangt, ein angenehmes Leben in der Stadt, eine Menge Geld und viel Spaß. Ich glaube nicht, daß Tony das ausschlägt.«

Aber er meinte nicht wirklich, was er sagte, denn insgeheim hatte Paul Tony sehr gerne und spürte auch, daß ein so warmherziger und aufrichtiger Mensch, der sich dem Glück anderer Leute verschrieb, nicht hätte getäuscht werden dürfen. Natürlich war sie albern, sich einzubilden, daß sie ihren Hinterlanddoktor gefunden hatte, aber sie würde auch sehr unglücklich sein.

Unsere letzten Worte an diesem Abend waren etwas fröhlicher: »Ist es nicht herrlich zu wissen, daß Christopher im nächsten Jahr glücklich sein wird und wir uns nicht von ihm trennen müssen?«

»Ja, aber sie dürfen sich nicht einbilden, daß ihre Streiche irgend etwas damit zu tun haben. Es ist besser, wenn sie gar nicht erfahren, daß wir ihr kleines Spiel durchschaut haben.«

Aber am nächsten Tag wurde dieser Entschluß zunichte, denn

als Christopher und ich zu Larry gingen, begannen er und Christina sofort ein geheimes Gespräch und kehrten dann in das Zimmer zurück, wo Larry, Kate und ich uns über Kleider und Gespräche mit den Lehrern unterhielten. Es war offensichtlich, daß irgend etwas ihre Gedanken stark beschäftigte. Ihr Gewissen auch, vorausgesetzt, daß sie eines hatten. Wie üblich, war Christopher der Sprecher. Mit ziemlich unsicherer Stimme sagte er: »Wir haben etwas – etwas, was wir euch wohl erzählen müssen«, dann stockte er.

Christina kam herein und unterstützte ihn, wie sie es immer tat. »Wir haben ein Problem«, sagte sie mit ganz unschuldiger Miene. Wir ahnten alle, was kam, aber ich versuchte, es abzuwehren und sagte: »Was habt ihr denn jetzt angestellt? Irgend etwas kaputt gemacht?«

»Nein, schlimmer.«

Wieder folgte eine lange Pause, und dann sah ich, daß Christopher mit sich kämpfte und Christina jeden Augenblick in Tränen ausbrechen würde. Auch Larry sah das und sagte aufmunternd: »Dann 'raus damit . . ., und fangt nicht an zu heulen, davon habe ich genug.«

Jetzt war Kates Stunde gekommen, und sie sagte mit sanfter Stimme, mit der sie nur zu Kindern sprach: »Na ja, sie hatten ja auch Grund dazu. Schließlich haben sie einige böse Unfälle hinter sich. Ich glaube, ihr solltet diese Ponys weggeben. Sie scheinen nicht zuverlässig zu sein.«

Das war der Auslöser. Ein Wort gegen ihre geliebten Ponys, und sie waren bereit, alles zuzugeben. Christopher sagte: »Aber sie sind zuverlässig, Tante Kate, völlig zuverlässig.«

»Nun, wenn sie zuverlässig sind, warum fallt ihr dann dauernd 'runter? Ich verstehe natürlich nicht viel davon, aber ich hielt euch für gute Reiter.«

Das schlug ein, denn ihr Reiterstolz ging ihnen über alles. Diesmal legte Christina los. »Sind wir auch«, stammelte sie.

»Wir sind gute Reiter. Wir waren noch Babies, da sind wir schon geritten« – eine Übertreibung, die von ihrer Mutter hätte stammen können.

»An was lag es dann?«

Christopher sagte unnatürlich laut: »An uns lag es, Tante Kate. Christina – Christina ist absichtlich 'runtergefallen.«

Kate gelang es, erstaunt auszusehen. »Warum habt ihr das getan?«

»Wir dachten, wenn wir uns ein Bein brechen – oder etwas anderes, brauchten wir nicht ins Internat zu gehen«, sagte Christopher und versuchte, männlich auszusehen, wirkte aber nur wie ein ganz unglücklicher kleiner Junge.

Tante Kate sah gar nicht überrascht aus, sondern sagte nur ruhig: »Das wäre sehr dumm gewesen. Ihr hättet euch schwer verletzen können, und ich möchte nicht mit einem Krüppel zusammenleben.«

Christopher schnappte nach Luft. »Du meinst, es macht dir nichts aus? Du nimmst uns trotzdem?«

»Warum nicht? In der Stadt habt ihr doch keine Ponys.«

»Aber wir haben es geplant. Christina sollte zuerst 'runterfallen, weil sie es wollte. Dann ich. Wir wollten uns ein Bein brechen oder – oder irgend etwas. Damit wir nicht in die scheußliche Schule gehen mußten.«

»Wir hätten alles getan, um nicht hingehen zu müssen«, sagte Christina, die diesmal am Ball blieb.

»Es war richtiger Betrug«, sagte Christopher ganz zerknirscht, »und du hast immer gesagt, Mutter, daß du alles vertragen kannst, nur keinen Betrug.«

Für mich war das vorbei, und ich sagte leise: »Na ja, im Ergebnis hat es nichts geändert, wir wollen es jetzt vergessen.«

»Aber wird uns Tante Kate trotzdem gern haben?« jammerte Christina, den Tränen nahe.

Kate meisterte die Lage hervorragend. »Aber natürlich. Sei nicht albern und sentimental, Christina. Mit mir hat das nichts zu tun, und es hat sich nichts geändert. Ihr habt euch nur selbst geschadet. Das war absolute Zeitverschwendung. Demnächst sagt ihr sofort, was ihr auf dem Herzen habt.«

»Aber Mutter hatte gesagt, wir dürfen nicht mehr darüber sprechen«, begann Christopher, und Christina fügte hinzu: »Sie haben gesagt, sie wollten nichts mehr davon hören.«

Larry und ich tauschten einen betroffenen Blick. Wir waren ›sie‹ geworden . . . der Feind. Natürlich unsere eigene Schuld.

Überhaupt nicht eingeschüchtert durch Kates Ermahnung, warf sich Christina in ihre Arme und sagte: »Dann hast du uns noch immer lieb? Es macht dir wirklich nichts aus?«

Kate, die versuchte, gleichgültig auszusehen, aber verstohlen ihren Arm fest um den kleinen Körper legte, sagte: »Natürlich nicht. Jeder macht einmal einen dummen Streich. Jetzt wollen wir über etwas anderes reden. Das ist doch alles ziemlich langweilig . . . Susan, du hast gesagt, Christopher braucht mindestens vier Paar kurze Hosen . . .«

12

Genau vierundzwanzig Stunden hatte ich Ruhe. Als ich dann auf der kühlen Veranda saß, um eine erfreulich kurze Liste von Christophers Schulsachen zu machen, sah ich, wie ein Auto die Straße hinaufgerast kam. Es bog so ungestüm in unsere Einfahrt ein, wie es Olivers normaler guter Fahrweise überhaupt nicht entsprach, und eine Minute später hielt er an, sprang aus dem Auto und rannte fast den Weg hinauf. Er sah sehr blaß und erregt aus, aber zumindest war er allein, und dafür war ich dankbar. Ohne einen Gruß platzte er sofort los, seine gewohnte Höflichkeit war verschwunden.

»Susan, was ist mit Tony los? Sie will mich einfach nicht begreifen. Du mußt sie zur Vernunft bringen.«

Ich sagte ziemlich kühl: »Oliver, ich mische mich da nicht ein. Das ist eine Sache zwischen dir und Tony . . . Aber erzähl mir erst mal, was passiert ist.«

Mit ärgerlicher Miene warf er sich auf einen Stuhl. Darüber war ich froh. Es hätte die ganze Sache nur schlimmer gemacht, wenn er nur unglücklich gewesen wäre.

»Heute nachmittag habe ich ihr von der neuen Praxis erzählt. Sie hat sich äußerst eigenartig benommen und mich angesehen, als könne sie nicht verstehen, was ich sagte. Ich habe ihr alles erklärt: alle Vorteile, das Haus, das wir bekommen würden, das Leben, das wir führen würden, und wie notwendig es für einen Arzt ist, mehr Erfahrungen zu sammeln, als es mir hier möglich ist.«

»Aber das hat ihr nicht gefallen?«

»Gefallen? Sie hat mich angesehen, als ob ich eine fremde Sprache sprechen würde. Es ist einfach nicht bei ihr angekommen. Nachdem ich eine Weile geredet hatte, sagte sie mit einer komischen gepreßten Stimme: »Meinst du, du mußt mehr Erfahrung sammeln und wirst dann hierher zurückkommen? Ich werde auf dich warten.«

»Wie ist sie nur auf den Gedanken gekommen?«

»Das weiß der liebe Gott. Ich glaube, sie ist einfach von dem Hinterland besessen. Stell dir vor, man bekommt eine gute Stadtpraxis, arbeitet in der Forschung, spezialisiert sich vielleicht, und dann soll man das alles wegwerfen und an einen Ort wie Tiri zurückkommen!«

Ich konnte nicht leugnen, daß das sehr albern klang, und er ereiferte sich weiter: »Es zeigt nur, daß sie überhaupt nichts versteht, daß sie von der Arbeit eines Arztes keine Ahnung hat.«

»Ich glaube, da bist du nicht ganz gerecht. Sie hat deine Arbeit hier genau kennengelernt und dir auch geholfen.«

»Aber was ist das schon ... Ein praktischer Landarzt! Ich habe versucht, ihr zu erklären, daß es ausgesprochen unrealistisch wäre, hierzubleiben.«

»Ich fürchte, Tony ist kein sehr realistischer Mensch. Davor habe ich dich gewarnt, Oliver. Sie hat völlig romantische Vorstellungen, und dich hat sie mit einbezogen.«

»Aber du mußt sie zur Vernunft bringen ... Schließlich seid ihr, du und Paul, ihr Vormund, und auf euch hält sie große Stücke.«

Ich sprach ziemlich resigniert. »Oliver, in manchen Dingen kann niemand Tony zur Vernunft bringen. Natürlich hat sie unrecht, aber ich kann sie nicht ändern. Selbst wenn ich es könnte, wäre es weder zu ihrem noch zu deinem Glück.«

»Das glaube ich nicht. Schließlich liebe ich sie sehr, und ich glaube, daß sie mich liebt. Alles läuft so gut. Es gibt keinen Grund, nicht zu heiraten, sobald ich diese Praxis habe. Wenn Tony mich gern hat, will sie auch mein Bestes.«

»Es kommt alles darauf an, was sie für das Beste hält. Sie glaubt vielleicht, daß ein Leben der Aufopferung im Hinterland das Beste ist, was ein Mann tun kann. Sie ist ein richtiges Kind, und sie wird nicht einsehen, daß ein Arzt weiterlernen und praktizieren muß. Sie hat da völlig falsche Ansichten.«

»Aber du meinst doch auch, daß sie mich liebt?«

Ich zögerte, aber das war die Stunde der Wahrheit, und ich sagte langsam: »Es ist sehr schwer zu sagen, ob sie dich liebt oder denjenigen, zu dem sie dich gemacht hat – den Diener des Hinterlandes. Diese Seite von dir betet sie an, aber ich bezweifle, ob sie den erfolgreichen Stadtarzt genauso lieben würde. Ich fürchte, sie wird immer für die Benachteiligten und für jene, die ihnen fehlen, kämpfen. Das ist albern, aber es ist ihr Glaubensbekenntnis.«

»Aber – mich fallenlassen, weil ich eine gute Zukunft vor mir habe? Versteht Tony nicht, daß es für die Leute in der Stadt genauso Arbeit zu tun gibt wie für diese verdammten Hinterländer? Kann sie nicht einsehen, daß die Städter auch Ärzte brauchen, und diese sich genauso hingeben können? Sich nicht nur den Menschen, sondern auch dem Lernen hingeben, und so den Menschen mehr helfen? Kann sie das nicht begreifen?«

»Ich glaube, sie weiß es schon, aber es gefällt ihr einfach nicht. Sie versteift sich auf den im Augenblick schrecklichen Mangel an Landärzten. Du mußt versuchen, sie zu überzeugen, daß du in der Stadt genauso gute Arbeit leisten kannst wie hier – und hier hast du gute Arbeit geleistet, Oliver«, schloß ich liebevoll, denn ich hatte Mitleid mit ihm. Tony war unvernünftig, aber es war seine Schuld, daß er sie nicht vorbereitet hatte.

Als ich das sagte, saß er zunächst in düsterem Schweigen da, dann sagte er: »Ich dachte, wenn sie mich wirklich lieben würde . . . Aber man kann sie nicht dazu bringen, einer ruhigen Logik zuzuhören. Sie ist so fanatisch.«

»Darin bin ich mit dir einig, aber das hast du doch gewußt, oder? Du hättest gewarnt sein müssen und ihr die Lage von Anfang an erklären sollen.«

»Vielleicht, aber dann hätte sie mich wohl anders gesehen . . . Und ich war sicher, daß sie mich entscheiden lassen würde, was am besten ist.«

»Vielleicht wird sie das tun, aber sie wird trotzdem ab und zu unvernünftig sein und sich wie ein Kind benehmen. Ich glaube, ihre unglückliche Kindheit hat sie überzeugt, daß sie immer benachteiligten Menschen helfen muß. Weder ihr Vater noch ihre Mutter sind so. Sie sind vernünftige, praktische Leute.«

»Es war ein Schock für mich, zu erkennen, daß Tony nicht so ist.« Das war eine gute Einleitung für mich, und ich sagte: »Das verstehe ich, und glaubst du denn, daß Tony die richtige Frau für einen Stadtarzt wäre? Kannst du dir vorstellen, daß sie sich anpaßt? Kannst du dir vorstellen, daß sie mit einem solchen Leben wirklich zufrieden sein würde? Wäre es von deinem Standpunkt aus nicht ein Fehler, Oliver?«

»Wahrscheinlich würde es ihr schwerfallen.« Dann fuhr er mit dem leidenschaftlichen Optimismus des Liebenden fort: »Aber ich würde sie glücklich machen, wo immer wir sind.«

Ich nahm alle meine Kräfte zusammen und sagte: »Ich fürchte, das kannst du nicht. Das ist ihre Schuld, nicht deine. Sie ist noch sehr jung und macht deshalb den selben Fehler noch einmal.«

»Was meinst du damit? War sie schon einmal verliebt?«

»Nein. Ich glaube, sie hat es fast vergessen. Sie war noch ein Kind, aber ich glaube, es hat sie damals zutiefst getroffen.« Ich fühlte mich als Verräter, aber ich wollte ihm helfen und erzählte ihm daher von Tonys Liebe zu Norman Craig. »Ein Mann, der doppelt so alt war wie sie und außerdem kriegsversehrt. Aber er war ein Heiliger und dachte nur daran, für andere Menschen zu leben. Deshalb glaubte sie, seinen Idealismus, nicht den Mann selbst, zu lieben. Ich fürchte, daß sie denselben dummen Fehler noch einmal gemacht hat. Sie hat sich in den Hinterlandarzt verliebt, nicht in Oliver Barrett.«

»Aber das ist doch unmöglich«, rief er leidenschaftlich. »Wenn man jemanden liebt, dann liebt man ihn um seiner selbst willen und nicht wegen seiner Arbeit oder wegen des Ortes, an dem er sie ausübt.«

»Ich glaube, das ist manchmal austauschbar. Jedenfalls ist es schwer zu trennen, und Tony ist sehr starrköpfig. Sie hat dich zu einem Helden gemacht, völlig selbstlos, bereit, deine Karriere und dich selbst zu opfern – und so sind nur ganz wenige Menschen. Ich verstehe sehr gut, daß du nicht zu ihnen gehörst. Warum solltest du? Du möchtest ein erstklassiger Arzt werden, kein rettender Engel. Ich selbst mache dir keinen Vorwurf – aber Tony sicherlich.«

Er sah verwirrt aus. Ich warf ihm nicht seine Haltung vor sondern nur, daß er die Dinge bis jetzt hatte treiben lassen. Aber das hatte ich schon gesagt, und es half nichts, immer wieder darauf zurückzukommen.

Plötzlich sagte er: »Aber wenn ich ihr meine ganzen Pläne erzählt hätte, hätte sie sich dann auch in mich verliebt?«

Das war die Schwierigkeit. Ich schwieg einen Moment und sagte dann: »Nein, das glaube ich nicht. Sie wäre herzlich, mitfühlend und freundlich gewesen wie zu jedem anderen auch, aber nicht mehr.«

»Aber ich wollte sie so gern haben.«

Ich versuchte, ihm alles begreiflich zu machen, aber er wollte keine Niederlage hinnehmen. Er ging hinaus, um Paul zu suchen, und als sie zusammen zurückkamen, hörte ich, wie Paul sagte: »Alles in allem glaube ich, bist du gut davongekommen. Tony ist ein nettes Mädchen, aber sie würde nicht die richtige Frau für einen erfolgreichen Stadtarzt abgeben. Einmal ist sie der geborene Widerspruchsgeist. Und außerdem sammelt sie einfach arme Teufel. Wie würde es dir gefallen, wenn du nach Hause kämst und dein Haus voller armer Mädchen, die auf Abwege geraten sind, oder voller Männer, die zuviel getrunken haben, fändest?«

Ich mußte beinahe lachen, aber Oliver sah leicht bestürzt aus. Trotzdem bestand er darauf, daß er Tony schon auf seinen Weg bringen würde, wenn sie ihn nur heiratete.

»Daß sie unkonventionell ist, macht einen Teil ihres Charmes aus.«

»Bei einem sehr hübschen Mädchen von zwanzig mag das charmant sein. Es wäre jedoch nicht so reizvoll bei einer vertrockneten Frau von vierzig – und Tony wird sich nicht ändern.«

»Aber du bist ungerecht. Er hat sie getäuscht. Es ist doch nicht nur ihre Schuld, daß es den Mann, den sie liebte, nur in ihrer Phantasie gab.«

»Sie hat zuviel Phantasie und nicht genug gesunden Menschenverstand. Es ist an der Zeit, daß sie erwachsen wird.«

»Finde ich auch, ich fürchte nur, daß sie zunächst schrecklich verletzt sein wird.«

»Oh ja, sie wird gelaufen kommen, um sich an deiner Schulter auszuweinen . . . Lieber Himmel, warum können wir nie ein ruhiges Leben haben?«

Samstag morgen kam sie wie gewöhnlich zum Wochenende nach Hause geritten. Ich war regelrecht auf die Folter gespannt, überlegte mir, wie ich sie begrüßen sollte, was ich sagen würde, und sogar, um es naiv auszudrücken, welche Partei ich ergreifen würde. Aber ich hätte mir keine Sorgen zu machen brauchen. Abgesehen davon, daß sie sehr blaß und eingefallen aussah, war Tony genau wie immer. Sie sprang von ihrem Pferd, führte es auf die Koppel, kam herein, küßte mich herzlich, sagte, wie sie sich über Tante Kate und die Kinder freue, erzählte mir den letzten Klatsch aus Tiri, das war alles. Keine Spur einer Tragödie oder von Tränen.

Natürlich war das eine Erleichterung, aber es war beunruhigend. Tony war immer so schnell bereit gewesen, sich in meine Arme zu werfen und mir alle ihre Sorgen zu erzählen, daß ich mich fast zurückgewiesen fühlte. Aber das bedeutet wohl, daß sie endlich wirklich erwachsen wurde, und daß sie viel tiefer getroffen war, als selbst ich es erwartet hatte. Aber sie wollte ihren Schmerz allein tragen oder so wenig wie möglich darüber sprechen und bemitleidet werden. Aber was hatte sie beschlossen? Wie die Entscheidung auch ausfiel, sie würde unglücklich sein. Wenn sie das Versprechen, das sie Oliver gegeben hatte, halten würde, obwohl er das ihr stillschweigend gemachte gebrochen hatte, stand ihr ein Leben bevor, das ihr keinen Spaß machen würde. Wenn sie sich geweigert und gesagt hatte, daß sie keinen Mann heiraten würde, der nach ihren albernen Vorstellungen seiner Pflicht den Rücken kehrte, mußte sie schwer leiden. Denn es gab keinen Zweifel, daß sie ihn geliebt und geglaubt hatte, den Mann ihres Lebens gefunden zu haben. In jedem Fall waren die weiteren Aussichten unglücklich. Aber welche Entscheidung würde fallen?

Den ganzen Tag machte ich mir Gedanken darüber. Erst am Abend, als die Kinder im Bett waren und wir drei im kühlen

Wohnzimmer so schweigsam saßen, wie wir es sonst nicht kannten, wenn Tony zu Hause war, erzählte sie es uns. Ihre Stimme war bewußt ruhig und nüchtern, als sie sagte: »Ich heirate Oliver natürlich nicht.«

Es entstand eine Pause, in der Paul sehr sorgfältig seine Pfeife stopfte, und dann sagte ich: »Das habe ich befürchtet, Tony.«

Sie fuhr mich scharf an: »Befürchtet? Heißt das, daß du geglaubt hast, ich würde einen Mann noch heiraten, nachdem ich herausgefunden habe, daß er nicht so ist, wie ich dachte?«

»Ich wußte nicht, was ich glauben sollte. Es ist deine Entscheidung. Wie immer sie ausfällt, wir werden auf deiner Seite stehen.«

Sie stand nicht auf, um mich zu umarmen, wie sie es noch vor einem Monat getan hätte, sondern sie sagte nur ruhig: »Danke, Susan. Ich habe erwartet, daß du das sagst. Aber du verstehst mich doch, oder? Natürlich war ich schrecklich albern, aber ich habe wirklich geglaubt, Oliver wäre der Mann, der sich ganz für die Leute aufopfert, die ihn wirklich brauchen.«

Ihre Stimme war so traurig, daß mir das Herz für sie blutete, aber Paul war ganz realistisch. »Die Leute in der Stadt brauchen genauso Hilfe wie im Hinterland, weißt du.«

»Natürlich, aber an einem Ort wie diesem ist die Lage wirklich verzweifelt. Menschen sterben, weil es keinen Arzt gibt. In der Stadt findet man normalerweise einen. Ich dachte, Oliver wäre sich dessen bewußt und bereit, seinen eigenen Ehrgeiz zu opfern.«

Paul sprach erneut. »Es ist nicht nur Ehrgeiz. Wenn er sein ganzes Leben hier verbringen würde, dann würde er niemandem mehr etwas nützen. Verdammt noch mal, Tony, der Junge ist erst achtundzwanzig. Hast du erwartet, daß er sich hier festsetzt, die anderen Ärzte aber auf dem neuesten Stand bleiben, während er als Geburtshelfer herumreist oder Arthritis und Geschwüre behandelt? Soll er seinen ganzen Verstand einfach verrotten lassen?«

Sie errötete vor Ärger. »Natürlich nicht. So dumm bin ich auch nicht. Aber er hätte sich auf dem neuesten Stand halten können. Es gibt Fortbildungskurse und genügend Literatur und Sitzungen mit anderen Ärzten. Er hätte einen Stellvertreter bekommen können, wenn er längere Zeit weggemußt hätte. Ich dachte, er würde all das tun und es dann dort anwenden, wo es so nötig gebraucht wird. Das hätte er auch getan, wenn er sich wirklich engagiert hätte.«

Ich sagte: »Ich glaube, das ist nicht fair, Tony, Oliver hat sich engagiert. Er war ausgesprochen gewissenhaft und aufopfernd, und wenn er geht, ist er doppelt so lange geblieben, wie er versprochen hat. Er hat seine Plicht getan.«

»Das weiß ich, aber nicht bis zu Ende. Er hinterläßt seine Aufgabe unvollendet und läßt viele Leute im Stich, die auf ihn vertrauen.«

»Sie werden schon einen anderen Mann finden«, sagte Paul. »Er wird nicht so gut und nicht so jung sein wie Barrett, aber gut genug.«

»Gut genug«, brauste Tony auf. »Glaubst du, das ist alles, was das Hinterland braucht? Nicht einen erstklassigen Mann, nur jemanden, der gut genug ist.«

»Oh, hör schon auf.« brummte Paul. »Du weißt, was ich meine, so gut, daß er bereit ist, hierher zu kommen.«

»Versuche praktisch zu denken, Tony«, warf ich vorsichtig ein. »Du mußt zugeben, daß dies die Nachteile des Hinterlandes sind. Du kannst das von erstklassigen Ärzten ebensowenig erwarten wie von erstklassigen Lehrern.«

Einen Augenblick herrschte Schweigen, dann sagte Tony: »Gut, das gebe ich zu. Es war alles meine Schuld. Ich dachte, Oliver wäre eine Ausnahme, – und das ist er nicht.«

»Er ist ein prima Kerl«, sagte Paul herzlich, »und er wird ein guter Arzt sein, wo immer er lebt. Eine Frau muß das Leben ihres Mannes annehmen. Wenn du ihn jetzt fallenläßt, bist du ziemlich grausam. Erst hast du ihn glauben lassen, daß du ihn liebst, dann kommst du und sagst: ›Tue, was ich will. Lebe mein Leben – oder es ist aus.‹ Du hast einen Mann zum Helden gemacht, der keiner sein wollte, und dann hast du ihn einfach fallenlassen.«

Das war hart, aber wahr, und sie wußte es. Plötzlich sagte sie ganz zaghaft: »Ja, ich war wieder einmal ein Dummkopf . . . Aber ihr müßt wissen, daß Oliver mir nie gesagt hat, daß er nicht hierbleiben würde. Darauf habe ich alles aufgebaut.«

Wir konnten nur zugeben, daß er in diesem Punkt wirklich unrecht hatte, und sie sagte traurig: »Ich glaube, ich werde nie lernen, in einen Menschen nichts hineinzudichten. Aber jetzt ist es zu spät. Er hätte mich warnen sollen, und das hat er nicht getan. Jetzt kann ich ihn nicht mehr heiraten.«

Paul sagte freundlich: »Das wäre ausgestanden. Es hat keinen Zweck, weiter darüber zu sprechen. Du hast deinen Entschluß gefaßt, und wir werden dich unterstützen. Aber es wird für euch beide schwer sein, bis er weggeht. Ihr lebt in Tiri viel zu nah zusammen.«

»Ich weiß, aber was kann ich tun?«

Ich sagte: »Ich habe natürlich über all das nachgedacht. Könntest du bis dahin den Laden nicht verlassen, Tony, und anderswo außerhalb des Bezirks eine Stelle finden? Du sagst doch, Miranda sei sehr tüchtig, und Tantchen wird Verständnis dafür haben.«

»Ich habe auch darüber nachgedacht. Seit Tagen zerbreche ich mir nur noch den Kopf, seit ich meinen Entschluß gefaßt habe. Ich kann Tantchen nicht im Stich lassen, zumindest noch nicht. Miranda ist sehr gut, aber Tantchen ist an mich gewöhnt, und wir arbeiten zusammen. Wenn Tiri ein richtiges Postamt bekommt, glaube ich, daß Tantchen es übernimmt und den Laden schließt. Dann kann sie den Supermarkt Miranda und Caleb überlassen. Aber jetzt noch nicht. Ich muß einfach noch ein bißchen weitermachen.«

»Ich meinte nicht, daß du für immer gehen sollst; nur für

eine Weile, bis Oliver weg ist. Ich glaube, die jetzige Lage ist für euch beide unmöglich. Warum willst du nicht eine Pause machen? Es wird so schwierig sein, wenn er genau gegenüber wohnt.«

Tony stand auf, sie schien sehr müde und ganz erwachsen. »Ich glaube, ich gehe ins Bett, wenn ihr nichts dagegen habt . . . Ja, es wird nicht schön sein, aber das ist alles meine Schuld. Ich werde es schon schaffen. Es braucht niemand zu erfahren, bis er weg ist, und ich helfe ihm weiter, wenn er mich braucht. Wir werden es durchstehen . . . Außerdem, wo sollte ich Ferien machen? Keine zehn Pferde würden mich zu Mutter bringen, und Vater kommt so schnell nicht 'rüber. Er hat mir gestern geschrieben, er fährt für die Firma nach Japan und kommt erst in einigen Monaten hierher. So muß ich wohl in Tiri bleiben.«

Das klang so traurig, daß ich fast in Tränen ausbrach. Am schlimmsten war, daß Tony selbst so ruhig blieb. Sie schien nicht mehr dasselbe ungestüme Mädchen zu sein, das wir so lange geliebt hatten. Natürlich hatte ich gewollt, daß sie erwachsen wird; es war nur ein Jammer, daß es so schmerzlich vor sich gehen mußte. Ich glaube außerdem, daß jede Mutter Schmerz empfindet, wenn ihr Kind Mitleid und Hilfe nicht mehr braucht.

Als ich das Paul an diesem Abend sagte, erklärte er kurz: »Du bist müde und redest Unsinn. Tony wird dich nie im Stich lassen. Sie fühlt sich jetzt nur schrecklich dumm, das ist sie ja auch, und sie kann sich selbst nicht nachgeben, aber sie wird dich immer brauchen, geh' also schlafen.«

Ich wußte, daß es egoistisch war, aber es tröstete mich. Ich wollte, daß Tony mich immer ein wenig brauchte.

13

Ich hielt Tonys Plan, in Tiri bis zu Olivers Abreise weiterzumachen, für ziemlich unmöglich. Abgesehen von ihren eigenen Gefühlen interessierte sich der Bezirk natürlich sehr für die Verlobung und beobachtete liebevoll, was im Laden und im Haus des Doktors vor sich ging. Sie waren beide verliebt, und auch ein Hauch von Romantik umgab dieses Mädchen, dessen Vater, wie alle wußten, wohlhabend war, und das trotzdem lieber in einem Laden auf dem Lande arbeitete. Alle hatten sich gefreut, als die Verlobung angekündigt wurde, und man würde sicher Verdacht schöpfen, daß etwas nicht stimmte. Wenn Tony nur für eine Zeit lang wegfahren könnte! Tantchen würde es verstehen und zurechtkommen, wenn es nicht zu lange dauerte. Edith Stewart würde wahrscheinlich gerne kommen, denn sie hatte nie vergessen, wie freundlich Tony und Miss Adams waren, als der elende Freeman sie verlassen hatte, und später, als sie Ted heiratete. Ja, Tantchen würde zurechtkommen, aber wohin konnte Tony gehen?

Zaghaft und ungeschickt sagte ich am nächsten Morgen: »Du würdest wohl nicht für ein paar Tage zu deiner Mutter fahren? Von da aus könntest du alte Schulfreunde besuchen. Du weißt, daß sie dich immer darum bitten, und deine Mutter hat in ihrem letzten Brief sehr auf einen Besuch gedrängt.«

»Nicht um alles in der Welt. Mutter möchte nur, daß ich mich bei ihren Freunden zeige. Deshalb hat sie es vorgeschlagen. Sie wird wahnsinnig werden, wenn sie hört, daß ich einen so vielversprechenden jungen Arzt sitzenlasse ... Die Mädchen, mit denen ich zur Schule ging, mag ich zwar alle noch sehr, aber wir haben jeden Kontakt verloren. Sie leben ein völlig anderes Leben.«

Das war wohl leider wahr. Außerdem würde Claudia bestimmt nicht begeistert sein und Tony das auch sagen. Sie blieb Melbourne also besser fern.

Nur ein Jammer, daß kein Besuch von Alister bevorstand. Seine leichte unterhaltsame Art würde Tonys verletzten Stolz heilen, und er würde sie bestimmt nie drängen, irgendwen zu heiraten. Aber jetzt, da er so ein wichtiges Mitglied der Firma geworden war, blieb er sicher einige Zeit auf Reisen im fernen Osten.

Als ich das zu Paul sagte, überraschte er mich, weil er fragte:

»Warum denn nicht Japan?«

»Du meinst für Tony?«

»Natürlich. Warum sollte sie ihren Vater nicht begleiten? Sie braucht ja nicht die ganze Zeit zu bleiben, und sie kann jederzeit zurückfliegen, wenn Tantchen in Not ist.«

Das war ein Einfall, und an diesem Abend schrieb ich noch einen Luftpostbrief an Alister, um ihm alles zu erklären.

Wir hatten uns geeinigt, daß unsere engen Freunde von der gelösten Verlobung besser erfahren sollten. Niemand von ihnen würde auch nur im Traum daran denken, es jemandem zu erzählen oder mit Tony darüber zu sprechen. So überbrachte ich Larry und Tante Kate am späten Montag nachmittag diese Neuigkeit. Beide nahmen es ganz vernünftig auf und waren überhaupt nicht erstaunt.

»Ich habe nie geglaubt, daß Oliver es lange aushalten wollte,« sagte Larry.

»Und warum sollte er?« meinte Tante Kate barsch. »Er hat für den Bezirk viel Gutes getan.«

»Ja, aber nicht für Tony«, wandte ich ein.

»Das finde ich nicht«, sagte Kate bestimmt. »Natürlich hätte er seine Pläne nicht vor ihr verbergen sollen, aber wenn sie ihn wirklich geliebt hätte, wäre sie mit seinen Plänen einverstanden gewesen.«

Larry sagte langsam: »Ich mag Tony sehr gern, wie du

weißt, aber diesmal war sie wirklich ein kleiner Dummkopf. Vielleicht war es gemein von Oliver, sie erst einzufangen oder es zu versuchen, aber den meisten Männern ist jedes Mittel recht, wenn sie verliebt sind, den Frauen übrigens auch. Tony sollte erkennen, daß es irgendwie ein Kompliment ist. Es zeigt, wieviel ihm an ihr lag... Aber mach' kein so niedergeschlagenes Gesicht, Susan. Du warst von dieser Heirat nie sehr begeistert.«

»Das stimmt, aber du wärst auch niedergeschlagen, wenn der arme Junge sich eine Stunde lang bei dir ausweint und ausgesehen hätte, als wäre ihm das Herz gebrochen.«

»Daran bist du selbst schuld«, sagte Kate bestimmt. »Du bist eben ein Mensch, bei dem die Leute immer ihr Herz ausschütten. Aber am Ende wird alles gut. Oliver wird ein nettes Mädchen ohne hochtrabende Vorstellungen finden, das so vernünftig ist, einen ehrgeizigen jungen Mann zu schätzen.«

Anne war wie immer sehr viel mitfühlender. »Ich wünschte, Tony müßte ihm nicht die ganze Zeit begegnen. Es wird für beide schrecklich sein. Es tut mir furchtbar leid, Susan, aber letzten Endes glaube ich...«, dann zögerte sie.

»Ich dachte, du hättest dich über die Verlobung sehr gefreut, auch wenn du nicht viel gesagt hast.«

»Eigentlich nicht. Ich finde Oliver nett, er hat eine Zukunft vor sich, aber ich meine nicht, daß sie wirklich füreinander geschaffen sind, und ich finde, es war nicht richtig, Tony im Unklaren zu lassen. Wenn sie natürlich älter gewesen wäre oder...«

»Vernünftiger.«

»Ja, vermutlich, aber das ist nur bei wenigen Mädchen der Fall. Ich glaube, es ist ganz gut so, aber ich wünschte, die nächsten Monate wären schon vorbei.«

Weil sie so großes Mitleid hatte, erzählte ich ihr von meinem Brief an Alister. Sie war begeistert. »Oh, wenn das nur klappt... Er nimmt sie doch sicher mit, oder?«

»Ganz bestimmt, es sei denn, er hätte andere Pläne, aber das glaube ich nicht. Ich bin sicher, daß er nicht im geringsten die Absicht hat, wieder zu heiraten. Dazu fühlt er sich so viel zu wohl.«

»Ja, aber stört ihn Tony dann nicht, wenn sie mit ihm reist?«

Ich lachte. »Oh, Alister ist nicht dumm. Er ist viel zu schlau, als daß er es riskieren würde, auf seinen Reisen ins Gerede zu kommen. Er hält seine Vergnügungen streng geheim, nur für den Hausgebrauch.«

Anne lachte. »Jedenfalls ist er im Moment genau der richtige Kamerad für Tony. Ich meine, er wird sie nicht Trübsal blasen lassen, und sie werden ihren Spaß haben. Japan wird sehr aufregend sein. Sag mir sofort Bescheid, wenn du von ihm hörst.«

Menschen, die sanft und mitfühlend statt einfach forsch und erfrischend sind, helfen mir in solchen Situationen mehr.

Tony hatte gesagt: ›Natürlich sollt ihr es euren Freunden erzählen. Ich möchte sie auf keinen Fall hintergehen.‹

Na ja, auch Peter war unser Freund, obwohl er nicht erwähnt worden war. Als er uns an einem Tag dieser Woche besuchte, erzählte ich ihm daher so kurz wie möglich die traurige kleine Geschichte. Er hörte stumm zu. Dann zündete er sich eine Zigarette an, gab mir eine, setzte sich wieder hin und sagte leise: »Der arme Kerl.«

Ich sagte: »Das finde ich auch. Armer Oliver«, aber ich glaube nicht, daß er mir zuhörte, denn er rauchte noch immer schweigsam weiter und wiederholte dann erstaunlich einfallslos: »Der arme kleine Kerl«, und nun wußte ich, daß er Tony meinte.

Ich mußte fast lachen. Darin lag alles, und es gab weiter nichts zu sagen oder zu fragen. Peter sagte nur: »Wird schwer, bis er geht . . . Kommt Tonys Vater bald?«

Ich erzählte ihm von Alisters Plänen und sagte ihm, was ich getan hatte. Das fand er sehr gut. Fast zu sehr, denn als er gegangen war, dachte ich: ›Würde er das nicht als seine Chance sehen, wenn er Tony wirklich gern hätte? Würde er sie nicht gerade jetzt für sich zu gewinnen versuchen?‹

Aber als ich dies Paul zu sagen wagte, wurde er ganz böse und meinte: »Manchmal seht ihr Frauen die Lage wirklich völlig falsch.« Das machte mich natürlich wütend.

»Was meinst du damit? Tony mag Peter sehr gern, und er könnte sie trösten.«

Er sah mich etwas ungehalten an und sagte dann: »Vielleicht könnte er das – aber wie ist es mit Peter? Warum sollte er sich opfern, um ihren verletzten Stolz zu heilen?«

»Aber es wäre kein Opfer, wenn er sie gern hat.«

»Aber natürlich. Peter möchte nicht als Zweitbester hinter Oliver Barrett zur Hintertür 'reinschlüpfen. Er würde nicht sagen: ›Du warst ein kleines Dummchen, und du bist unglücklich. Du hast einen anständigen Mann verletzt, darum schämst du dich jetzt. Aber Kopf hoch. Ich bin noch da. Jetzt kannst du alles vergessen‹.«

Dann kam Ablenkung. Donnerstag abend rief Alister aus Sydney an. »Hallo, Susan. Ich habe eben deinen Brief bekommen. So hat das Kind mal wieder seinen Kopf durchgesetzt. Der arme kleine Kerl, wie kann sie nur so dumm sein?«

»Oh, Alister, sie ist nicht nur dumm. Sie ist sehr unglücklich.«

»Natürlich ist sie das – ich habe sie jedenfalls lieber dumm. Schick sie mir so bald wie möglich, und ich werde sie mit vielen jungen Männern bekannt machen. Danach reisen wir nach Japan ab. Ernsthaft, Susan, das tut mir alles schrecklich leid. Sie führt dir schon einen Tanz auf.«

»Das macht nichts. Mir tut es nur leid, was sie durchmacht.«

»Ich weiß. Na ja, wir werden sehen, ob der Ferne Osten sie ablenken kann ... Sag ihr, sie soll sich über passende Kleider keine Sorgen machen; schick sie, wie sie ist. Ich fahre in zehn

Tagen ab, bis dahin kann sie sich hier selbst beschäftigen und einen Einkaufsbummel machen.«

»Das ist herrlich, Alister. Ich werde es ihr sofort sagen. Natürlich wird sie protestieren, aber sie wird unheimlich erleichtert sein. Ich werde sie nächste Woche auf den Weg schikken und dir den Tag und den Flug per Telegramm durchgeben.«

Dankbar, wenn auch etwas schweren Herzens, hängte ich ein. Tony ging weg, und zum ersten Mal hatte sie mich nicht zu ihrer Vertrauten gemacht.

Am nächsten Tag fuhr ich nach Tiri und besuchte erst Tantchen, die in dem kleinen Zimmer hinter dem Laden allein war. Als ich mich darin umsah, mußte ich denken, wie oft ich in den letzten Jahren hierher gekommen war, um etwas mit ihr zu besprechen, und sie hatte mich nie im Stich gelassen. Sie ließ mich auch jetzt nicht im Stich.

»Ein hervorragender Plan. Ob ich zurechtkomme? Na ja, ich werde sie natürlich vermissen, weil sie jetzt praktisch den Laden führt, aber sie hat Miranda sehr gut eingewiesen, und der alte Caleb verpfuscht auch nur noch ganz selten einen Auftrag.«

»Wie wäre es mit Edith Stewart? Ich habe mich gefragt, ob sie nicht gern kommen würde.«

»Das ist eine gute Idee. Sie würde sicher kommen. Sie ist sehr glücklich mit ihrem Ted, aber jetzt ist für die meisten Farmer eine flaue Zeit, da will Edith bestimmt gern etwas verdienen. Ted kann sie mit dem Auto bringen, und sie kann drei Tage in der Woche bleiben. Sie wird ihm fehlen, aber es ist ja nicht für immer. Wir werden Tony bald wieder haben.«

»Glauben Sie? Ich fürchte eher, daß ... daß ...«

»Daß sie einen von Alisters forschen jungen Männern heiraten wird? Das glaube ich nicht. Ich glaube, Tony ist hier verwurzelt.«

»Aber für immer?«

Tantchen sah mich aufmunternd an. »Wir wollen nicht in die

Zukunft schauen. Das war eine harte Erfahrung für beide, Tony braucht eine Verschnaufpause.«

»Waren Sie erstaunt?«

»Nicht im geringsten. Nur ein Idealist oder ein Dummkopf, was ziemlich auf dasselbe herauskommt, könnte glauben, daß Dr. Barrett damit zufrieden wäre, sein Leben hier zu verbringen. Und nur ein Optimist, der sehr selbstsicher ist, und das ist bei Oliver der Fall, konnte meinen, daß er Tony ohne vorherige Vorbereitung zu seiner Denkweise bekehren könnte. Tony ist in mancher Hinsicht unbeweglich, sie glaubt, daß sie getäuscht wurde – nicht nur, was die Zukunft, sondern auch was den Mann betrifft. Sie hat jemanden geliebt, den es nicht gibt, und sie macht sich mit Recht Vorwürfe. Nicht richtig ist, daß sie ihm auch Vorwürfe macht.«

Ich sagte ziemlich eifersüchtig: »Sie hat also mit Ihnen darüber gesprochen?«

»Ein bißchen. Es war unvermeidlich, da Oliver ungefähr zweimal am Tag hereingestürzt kam und Szenen machte.«

»Hat er das getan? Wie schrecklich für Sie!«

»Oh, sie waren sehr rücksichtsvoll und haben ihre Auseinandersetzungen im Supermarkt ausgetragen. Keine sehr romantische Kulisse.«

Tantchen war weder unfreundlich noch zynisch. Sie war wie gewöhnlich praktisch und weise. Als ich nach ihren letzten Worten ging, fühlte ich mich besser. »Machen Sie sich keine Sorgen, Susan. Tony hat einen harten Schlag erlitten, aber ihr Herz ist nicht gebrochen, und eines Tages wird sie herausfinden, was Liebe wirklich ist. Inzwischen werden Japan und Alister ihr sehr guttun.«

Ich ging zum Supermarkt hinüber, wo Tony traurig Vorräte in die Regale einräumte und Caleb im Hinterraum Zwiebeln abwog. Es fuhr mir einfach durch den Kopf, wie eigenartig es doch war, daß ein schönes Mädchen wie Tony dieses Leben jenem vorzog, das Oliver ihr bot. Es waren keine Kunden da, und so konnte ich offen sprechen. Ich sagte: »Tony, bitte denke nicht, daß ich mich einmischen will, aber ich meine, du solltest Tiri für eine Weile verlassen.«

»Ja, das meine ich auch, Susan, und natürlich glaube ich nicht, daß du dich einmischst. Aber finde mir jemanden für Tantchen und einen Ort, wohin ich fahren kann, dann bin ich weg wie der Blitz.«

»Ich habe mit Tantchen gesprochen, und sie ist sicher, daß sie für einige Zeit zurechtkommt. Edith würde bestimmt gern kommen. Was den Ort betrifft, wie wäre es mit Japan?«

Ihr Gesicht leuchtete auf, aber sie sagte langsam: »Hast du mit Vater Verbindung aufgenommen? Möchte er mich wirklich mitnehmen, oder hat er nur Mitleid?«

»Natürlich will er dich mitnehmen. Daß er auch Mitleid mit dir hat, ist natürlich, aber die Reise schlägt er nicht aus Mitleid vor. Er möchte gern mit dir zusammen sein. Ich bin mit ihm in Verbindung getreten, weil ich dachte, daß du lange brauchen würdest, um ihm zu schreiben und zu erklären, daß die Verlobung gelöst ist. Ich habe ihm einen Luftpostbrief geschickt, und gestern abend hat er angerufen. Er sagt, du sollst nächste Woche zu ihm kommen, alle Kleider dort kaufen und bereit sein, in zehn Tagen mit ihm nach Japan zu fahren. Japan ist genau der richtige Ort für dich.«

»Oh, Susan«, sagte Tony, und ihre Augen füllten sich mit Tränen, die ersten Tränen, die ich sah, seit der ganze Kummer begonnen hatte. »Du bist so ein Schatz und Vater auch. Es wird herrlich sein, von hier wegzugehen. Es ist wirklich ziemlich schrecklich.«

»Das habe ich schon von Tantchen gehört.«

»Oliver ist so unglücklich und so wütend, und ich fühle mich so schlecht. Ich glaube, es war schlecht von mir, zu meinen, daß ich ihn liebte, aber er ließ mich glauben ... Oh, lassen wir das ... Wenn er nur verstehen würde ... Wenn er nur einsehen würde, daß ich ihm in dem Leben, das er plant, nichts nütze.

Aber er kommt und diskutiert und verteidigt sich, ach, ich habe es so satt«; sie legte ihren Kopf auf die Theke und weinte wie ein Kind, das sie irgendwie noch immer war.

Natürlich war ich auch nicht besser, so daß Caleb, als er seinen Kopf durch die Türe steckte, um Tony etwas zu fragen, ihn ganz schnell völlig entsetzt zurückzog, sich umdrehte und die Flucht ergriff. Ich lachte: »Armer alter Caleb! Er muß einen Schreck bekommen haben. Wir benehmen uns beide wie kleine Kinder.«

Tony trocknete ihre Tränen und sagte: »Denk nur, ich kann weggehen! Wann kann ich gehen? Wirst du es Oliver sagen, Susan?«

Aber es gibt Grenzen, die nicht einmal ich überschreiten würde, und ich sagte: »Du kannst Samstag nach Hause kommen und Montag abfahren. Aber ich werde es Oliver nicht sagen. Schreib ihm einen Brief, den Tantchen ihm geben soll, wenn du weg bist. Das ist besser für ihn, und ich kann nichts mehr verkraften ... Komm, jetzt wollen wir nicht mehr von Oliver reden ... Du wirst viel Spaß haben. Larry und ich, wir werden dich zum Flughafen bringen und unsere Einkäufe für die Kinder erledigen. Gott sei Dank brauchen wir nicht viel ... Und Tony, ich möchte nicht hart sein, aber ich kann Oliver wirklich nicht mehr ertragen.«

Aber es blieb mir nicht erspart, denn noch an diesem Abend kam Dr. Barretts Wagen angerast, er stürzte heraus und begann schon zu sprechen, bevor er die Türe erreichte.

»Susan, geht Tony wirklich weg? Als ich es hörte, ging ich zu Miss Adams Laden 'rüber, aber sie wollte mich nicht zu ihr lassen, sondern sagte, sie wäre mit Kopfschmerzen zu Bett gegangen. Aber ich weiß, daß etwas in der Luft liegt, deshalb bin ich zu dir gekommen.«

Ich sagte vorsichtig: »Woher weißt du das?« – als ob das wichtig wäre.

»Honi hat mir erzählt, daß seine Frau im Supermarkt eine

Dose Fisch kaufen wollte und dich und Tony miteinander sprechen sah, deshalb ist sie wieder gegangen. Aber sie hat gehört, wie du gesagt hast: ›Japan ist der richtige Ort für dich . . .‹ Warum Japan? Susan, du hast kein Recht, mich im unklaren zu lassen. Will Tony die Flucht ergreifen?«

Ich sagte: »Komm ’rein, Oliver, und versuche, nicht so laut zu sprechen. Die Kinder schlafen noch nicht . . . Ja, Tony geht weg. Ihr Vater muß nach Japan fahren, und er nimmt sie mit. Sie werden wahrscheinlich ein paar Monate bleiben.«

»Aber ich werde weg sein, bevor sie zurückkommen.«

»Ja. Das war der Zweck der Sache.«

Einen Augenblick lang dachte ich, er würde sich umdrehen und gehen, aber Oliver war nie unhöflich, und nach einer Pause fragte er ruhig: »Hast du das organisiert?«

»In gewisser Weise ja. Ich wußte, daß es für euch beide schrecklich war, so nah beieinander zu leben, und viel zu hart für Tony. Die einzige Möglichkeit ist, sofort Schluß zu machen und neu zu starten.«

»Aber ich hätte sie überzeugen können. Ich glaube nicht, daß sie ewig hätte widerstehen können.«

»Oh ja, das hätte sie gekonnt. Oliver, du mußt die Niederlage hinnehmen. Die bittere Wahrheit ist, daß Tony einen Fehler gemacht hat. Sie hat entdeckt, daß sie dich nicht genug liebt, um dir zu verzeihen, daß du sie getäuscht hast . . . Oh ja, das hast du getan . . . Du hättest es ihr schon lange sagen müssen. Trotzdem, wenn du der richtige Mann für sie wärst, würde sie darüber wegkommen und dein Leben teilen. Aber sie kann es nicht, und ich bin sicher, sie wird es nie können.«

Das ganze Theater zog sich weiter hin – ich hätte losschreien mögen – doch schließlich ging er, und ich war ziemlich sicher, daß er nicht versuchen würde, Tony wiederzusehen. Endlich hatte ihn der Stolz gepackt, und sobald sie nicht mehr hier war, würde er sich für die restliche Zeit in Tiri in sein Schicksal fügen. Er war tief getroffen, aber er würde sich wieder erholen.

Sein Stolz litt mindestens genauso wie sein Herz, denn er war so selbstsicher gewesen.

Er sah Tony jedoch nicht wieder. Freitag abend kam sie zu uns geritten und wartete nicht wie gewöhnlich bis Samstag, wahrscheinlich um sicher zu sein, daß er nicht versuchte, sie nach der Praxis noch zu sehen. Aber Tantchen erzählte später, daß er das nicht tat. Olivers Selbstachtung sagte ihm, daß er verloren hatte, und er wollte nicht darüber klagen.

Es war ausgesprochen aufregend, Tonys Flugreise vorzubereiten und zu wissen, daß wir sie wegbringen würden, während Tante Kate zu Hause nach dem Rechten sah. Sie hatte sogar darauf bestanden, meine und Larrys Kinder zu nehmen, worauf Paul beleidigt sagte, er sei froh, drei Tage Ruhe zu haben.

Wir waren gerade damit beschäftigt, Tonys Kleiderschrank zu sichten, als Peter am Sonntag morgen erschien. Er war freundlich und neutral, wie immer, und interessierte sich für Tonys Reise. »Ich fand Japan herrlich, und ich glaube, es wird dir genauso gehen. Aber es wird noch viel schöner sein mit jemandem, der alles genau kennt. Ich mußte mich allein durchschlagen und habe einige Schwierigkeiten gehabt.«

Er schien Tonys angestrengte Blässe nicht zu bemerken und fuhr ausnahmsweise fast geschwätzig fort: »Wie wäre es, wenn du vor der Abreise noch einmal das Fohlen besuchtest? Es macht sich gut, du hast es doch lange nicht gesehen. – Du würdest gern reiten? Gut. Ich gehe und hole Babette, bis du und Susan mit den Kleidern fertig seid.«

Als sie zurückkamen, war Tony wieder mehr die Alte, und sie unterhielten sich angeregt über das Fohlen. Um persönlichere Dinge ging es nicht, und ich war sicher, daß Peter sein Gespräch auf die Farm und die Pferde beschränkt hatte.

Aber in seinem klugen Kopf ging mehr vor, als Tony ahnte, denn als sie sich ziemlich gleichgültig von ihm verabschiedet hatte und sich umziehen ging, sah Peter nicht im geringsten niedergeschlagen aus. Ich begleitete ihn bis zum Tor, und ich lachte fröhlich, als er auf Wiedersehen sagte. »Nützliche Wesen, die Pferde«, meinte er ganz unvermittelt. »Ich glaube, Susan, ich muß noch ein paar Zuchtstuten kaufen.«

Womit er auf seine Art sagte, daß er um das Mädchen werben würde, sobald die Zeit gekommen war.

Das ganze Wochenende war Tony unruhig und unglücklich. Als die Wirkung des Ritts vorüber war, wanderte sie herum und horchte, ich war sicher, auf das Geräusch von Olivers Wagen. Er kam nicht, und ich war froh, als wir früh am Montag morgen abfuhren, bevor Miss Adams Dr. Barrett ihren Brief geben konnte.

Ihr Flugzeug startete an diesem Abend um fünf Uhr. Eine lange heiße Fahrt lag vor uns. Wir waren alle bewußt fröhlich, und es gab keinen tränenreichen Abschied. Paul hatte sich von der ausgesprochen praktischen Seite gezeigt und sich damit begnügt nachzuprüfen, daß Tonys Gepäck das erlaubte Gewicht nicht überschritt. Sie bestand darauf, ihn zum Abschied zu küssen, und ich wußte, daß er merkte, wie nahe sie den Tränen war, denn er klopfte ihr aufmunternd auf die Schulter und sagte: »Grüße Alister von mir und sage ihm, er soll auf dich aufpassen und dafür sorgen, daß du bei den Japanern nicht eine Menge unnützes Zeug kaufst.«

Das war alles. Von den anderen hatte sie sich am Telefon verabschiedet; viele sagten, wie sehr sie sie um ihr Glück beneideten, diese Reise machen zu dürfen.

Larry und ich fanden die großen Flugzeuge und die Geschäftigkeit am Flughafen äußerst aufregend. Wir hatten es gerade noch geschafft, denn unser altes Auto war auf der Fahrt sehr heiß gelaufen und langsam geworden, so daß Tony auf den Flugaufruf nicht lange zu warten brauchte. Ich fand, daß sie wie ein trauriges, einsames Mädchen aussah, als sie zu den anderen Passagieren in den Warteraum ging. Dann schaute sie noch einmal über die Schulter zurück, löste sich plötzlich aus der Schlange und rannte zum Eingang, um mir noch einen Kuß zu geben und zu flüstern: »Meine liebe Susan, das war alles so lieb von dir . . . Und ich werde wiederkommen – ich wünschte nur so sehr, ich müßte dich nicht verlassen!«

Ich schluckte krampfhaft und sagte: »Unsinn, du wirst eine herrliche Zeit haben. Geh jetzt in die Schlange zurück, sonst fällst du auf . . . Aber winke uns von der Gangway«; das tat sie auch.

Wir warteten, bis das Flugzeug startete, denn für die Einkäufe blieb uns noch der ganze nächste Tag. Als sie im Flugzeug verschwunden war, schien alles plötzlich ganz öde und leer. Wir winkten beide heftig, falls sie am Fenster saß und uns sah, doch schließlich rollte das schwere Flugzeug an und stieg endlich in die Lüfte. Es entschwand schnell unserer Sicht, und wir kehrten um.

Larry sagte fröhlich: »So, Gott sei Dank, sie ist weg. Bis sie wiederkommt, ist Oliver verschwunden und für den Bezirk nur noch eine angenehme Erinnerung. Ich mochte ihn, aber es wäre nie gutgegangen . . . Ob wir je einen neuen Arzt bekommen – aber warum darüber reden? Ich wette schon jetzt, daß wir keinen kriegen werden.«

Ich wettete nicht dagegen, denn ich wußte, daß sie recht hatte. Wir bekamen keinen neuen Arzt.

Später, als wir uns in einem Restaurant ein Abendessen gönnten, sagte ich ein wenig neidisch: »Tony wird eine herrliche Zeit haben, alle möglichen interessanten Leute kennenlernen und viele fremde Dinge sehen.«

»Und alle möglichen fremden und exotischen Gerichte essen«, sagte Larry fröhlich und bestellte gebratenes Schweinefleisch. Dann fügte sie nachdenklich hinzu: »Ja, das wird sie alles tun, aber letztlich wäre ich überhaupt nicht erstaunt, Susan, wenn sie entdeckt, daß ihr ein gutes Bauernomelett lieber ist.«